CRÉER UNE ENTREPRISE INDIVIDUELLE

Dédicace

↳ À tous ceux qui hésitent à se lancer, et à tous les entrepreneurs du monde.

Disclaimer :

Ce livre a été rédigé sur la base des informations et de la réglementation **française** en vigueur au moment de sa publication. Il est destiné à un usage informatif et ne constitue en aucun cas un conseil juridique, fiscal ou professionnel personnalisé.

La législation et les démarches administratives pouvant évoluer rapidement, il appartient à chaque lecteur de vérifier l'actualité des informations auprès des sources officielles et, si nécessaire, de consulter des professionnels compétents (experts-comptables, avocats, organismes consulaires, etc.).

Bien que centré sur le cadre légal français, ce livre peut également servir de **référence et de guide pratique** à tout entrepreneur souhaitant comprendre les fondamentaux de la création et de la gestion d'une activité indépendante.

"Guide du Business Plan	"À la recherche du Masque Sacré"	"Paris Enchanté"	**"Le Business Model"**
"Comprendre les Calculs pour l'Entreprise"	"Comprendre l'Éjaculation Précoce"	"Modèle de Business Plan à Remplir"	"Guide à l'Apprentissage de l'Anglais"

Avant-propos – Comprendre l'entreprise individuelle

Avant de plonger dans les étapes pratiques de la création d'entreprise, il est essentiel de bien comprendre ce qu'est l'**entreprise individuelle**, puisque ce livre lui est consacré. Ce statut constitue la porte d'entrée idéale pour de nombreux entrepreneurs qui souhaitent se lancer seuls, tester une idée ou débuter une activité indépendante avec un cadre juridique simplifié.

Qu'est-ce qu'une entreprise individuelle ?

L'entreprise individuelle est une structure dans laquelle l'entrepreneur exerce son activité **en son nom propre**. Contrairement à une société (SARL, SAS, etc.), il n'y a pas de personnalité morale distincte : l'entreprise et l'entrepreneur ne font qu'un.

La création est simple, rapide et ne nécessite **aucun capital minimum**. Les démarches se font généralement en ligne, via les guichets uniques ou les chambres consulaires. Cela en fait une solution particulièrement attractive pour démarrer rapidement une activité, avec peu de contraintes.

Cependant, ce choix implique aussi que l'entrepreneur engage son **patrimoine personnel** pour les dettes de l'entreprise, sauf exceptions prévues par la loi (par exemple, la résidence principale est automatiquement protégée).

Pourquoi choisir ce statut ?

L'entreprise individuelle est souvent choisie par :

Les **freelances** et indépendants qui veulent une structure simple et flexible.

Les personnes qui souhaitent **tester un projet** avant de se lancer dans une société plus complexe.

Les entrepreneurs qui privilégient une **gestion légère**, avec moins d'obligations comptables et administratives.

Elle est particulièrement adaptée aux projets personnels, aux activités artisanales, libérales, commerciales ou de services qui ne nécessitent pas d'associés ni de gros investissements initiaux.

Les principaux avantages

Création rapide et peu coûteuse : les formalités sont allégées et souvent réalisables en ligne.

Pas de capital minimum exigé : contrairement aux sociétés, pas besoin d'apporter un capital de départ.

Gestion simplifiée : obligations comptables et administratives réduites.

Flexibilité : possibilité de commencer seul et d'ajuster facilement l'activité.

Idéal pour tester une idée : parfait pour démarrer sans prendre trop de risques financiers initiaux.

Les limites à connaître

Responsabilité illimitée : l'entrepreneur est responsable des dettes de l'entreprise sur son patrimoine personnel (hors protections légales).

Évolution restreinte : difficile d'accueillir des associés ou d'attirer des investisseurs.

Moins adapté pour les projets de grande envergure : une société est plus crédible pour lever des fonds ou développer une activité importante.

Image parfois limitée : certains partenaires préfèrent travailler avec une société, jugée plus « professionnelle ».

En clair

L'entreprise individuelle est une excellente option pour **se lancer rapidement, simplement et à moindre coût**. Elle constitue souvent le premier pas vers l'entrepreneuriat, une étape utile pour tester, apprendre et valider une activité.

Toutefois, ce statut présente aussi des **limites**. Dès que l'activité prend de l'ampleur ou nécessite plus de financement, il peut être judicieux d'envisager une société (SARL, SAS, etc.).

L'entreprise individuelle est donc un **tremplin**, vous permettant de franchir le cap du lancement et de préparer l'avenir.

Sommaire

Chapitre I. Introduction

A. Présentation de l'entreprise individuelle

Une entreprise individuelle est une entreprise exploitée par une seule personne, appelée "entrepreneur individuel". Cette personne est le propriétaire unique de l'entreprise et est responsable de toutes les décisions commerciales et opérationnelles de l'entreprise. L'entrepreneur individuel peut exercer une activité commerciale, artisanale, libérale ou agricole.

Les entreprises individuelles sont généralement de petite taille et ont souvent un faible niveau d'investissement en capital. Les entrepreneurs individuels peuvent être des personnes qui exercent leur activité à titre principal ou complémentaire.

B. Réforme

Depuis le 15 mai 2022, un statut unique de l'entrepreneur individuel est en vigueur. Il met fin à la possibilité de créer une Entreprise individuelle à responsabilité limitée **(EIRL)** et allège les formalités attachées à l'entreprise individuelle.

Présente de nombreuses évolutions comme la séparation entre le patrimoine personnel et le patrimoine professionnel. Ce qui va rendre le patrimoine personnel insaisissable par les créanciers professionnels.

La réforme crée un statut unique d'entrepreneur individuel, le régime d'entrepreneur individuel à responsabilité limitée **(EIRL)** est mis en extinction. Il n'est donc plus possible de créer une **EIRL** depuis le **15 février 2022. Par contre les EIRL créées avant cette date conservent le statut.**

Possibilité d'opter pour l'impôt sur les sociétés pour l'imposition, le nouveau statut d'entrepreneur individuel donne la possibilité à l'entrepreneur de choisir entre l'impôt sur le revenu **(type d'imposition par défaut)** et **l'impôt sur les sociétés.**

C. Les avantages et les inconvénients de l'entreprise individuelle

Avantages de l'entreprise individuelle

La facilité de création de l'entreprise individuelle. Cette forme juridique est la plus simple à créer. Il suffit de déclarer son activité auprès des autorités compétentes et de respecter les formalités administratives.

Elle a une Souplesse de gestion parce que l'entrepreneur individuel est libre de prendre toutes les décisions concernant sa société, sans avoir à en référer à des associés ou actionnaires.

Fiscalité avantageuse : l'entreprise individuelle peut bénéficier d'un régime fiscal avantageux, avec notamment la possibilité d'opter pour le régime de la micro-entreprise qui permet une imposition simplifiée et allégée.

Absence de capital social minimum : l'entreprise individuelle n'a pas de capital social minimum à constituer, contrairement à d'autres formes juridiques.

Pas de frais de constitution : contrairement à d'autres formes juridiques, l'entreprise individuelle ne nécessite pas de frais de constitution, tels que les honoraires d'un avocat ou d'un notaire.

Possibilité de cumuler d'autres activités : l'entrepreneur individuel peut cumuler plusieurs activités au sein de la même entreprise, à condition qu'elles soient complémentaires.

Absence de comptes annuels : l'entreprise individuelle n'a pas l'obligation de publier des comptes annuels, contrairement à d'autres formes juridiques.

Ces avantages font de l'entreprise individuelle une forme juridique attractive pour les entrepreneurs souhaitant créer leur entreprise de manière simple et flexible. Cependant, il convient également de considérer les inconvénients et les limites de cette forme juridique avant de faire son choix.

Inconvénients de l'entreprise individuelle

Responsabilité illimitée : En tant que propriétaire unique de l'entreprise, vous êtes personnellement responsable de toutes les dettes et obligations légales de l'entreprise. Si votre entreprise est confrontée à des difficultés financières, cela peut affecter votre patrimoine personnel.

Risque financier : En tant que propriétaire unique, vous êtes également responsable des investissements financiers nécessaires pour l'entreprise. Cela signifie que vous devrez peut-être investir une somme importante pour couvrir les coûts de lancement et de fonctionnement de l'entreprise.

Charge de travail importante : En tant que propriétaire unique, vous serez responsable de toutes les tâches nécessaires pour faire fonctionner l'entreprise. Cela peut inclure les ventes, le marketing, la comptabilité, la gestion des ressources humaines et la gestion des opérations.

Difficultés à lever des fonds : Les entreprises individuelles peuvent avoir plus de difficulté à obtenir des financements que les entreprises plus importantes ou celles qui ont plusieurs propriétaires.

Absence de partage de responsabilités et de compétences : En tant que propriétaire unique, vous devez assumer toutes les responsabilités de l'entreprise, ce qui peut être difficile si vous ne disposez pas de toutes les compétences nécessaires pour gérer efficacement l'entreprise.

Difficultés à se faire connaître : En tant qu'entreprise individuelle, il peut être difficile de se faire connaître auprès du public et de la concurrence, ce qui peut rendre la prospection de nouveaux clients plus difficile.

Il est important de prendre en compte ces inconvénients potentiels avant de créer une entreprise individuelle afin de s'assurer que ce modèle d'entreprise convient à vos objectifs et à votre profil d'entrepreneur.

D. Les conditions pour créer une entreprise individuelle

Les conditions pour créer une entreprise individuelle en France sont les suivantes

Déterminer l'activité à exercer : il est important de bien définir le secteur d'activité dans lequel l'entreprise individuelle sera créée, ainsi que les produits ou services qui seront proposés.

Choisir le statut juridique : pour une entreprise individuelle, il est possible de choisir entre deux statuts juridiques : l'auto-entreprise ou l'entreprise individuelle classique (aussi appelée entreprise en nom propre). Les différences entre ces deux statuts concernent notamment les obligations comptables et fiscales, ainsi que les plafonds de chiffre d'affaires.

Effectuer les formalités d'immatriculation : une fois le statut juridique choisi, il convient d'effectuer les formalités d'immatriculation auprès du Centre de formalités des entreprises (CFE) compétent. Les documents à fournir peuvent varier selon l'activité exercée, mais il est généralement nécessaire de fournir une pièce d'identité, un justificatif de domicile, une déclaration sur l'honneur de non-condamnation, ainsi que le formulaire de déclaration de début d'activité.

Obtenir les autorisations nécessaires : selon l'activité exercée, il peut être nécessaire d'obtenir des autorisations spécifiques (par exemple, une autorisation d'exercice pour les professions réglementées).

Déclarer l'activité aux organismes compétents : une fois l'entreprise individuelle créée, il convient de déclarer l'activité auprès des organismes compétents (notamment l'URSSAF, la caisse d'assurance maladie, la caisse de retraite, etc.) afin de bénéficier des différents régimes sociaux et fiscaux.

Il est important de noter que les conditions pour créer une entreprise individuelle peuvent évoluer en fonction de l'actualité et des réglementations en vigueur. Il est donc recommandé de se renseigner auprès des organismes compétents (notamment le CFE, la Chambre de Commerce et d'Industrie, la Chambre des Métiers et de l'Artisanat, etc.) pour obtenir les informations les plus récentes et les plus précises.

Vous pouvez créer votre entreprise individuelle

Le site de l'Institut national de la propriété industrielle (**INPI**) en France est une ressource importante pour les entrepreneurs qui souhaitent créer leur entreprise individuelle. Ce site offre de nombreuses informations utiles, notamment sur les démarches à suivre pour déposer une marque, un brevet ou un dessin ou modèle.

L'INPI propose également des services en ligne pour faciliter les démarches administratives liées à la création d'entreprise, comme la réservation en ligne du nom commercial ou l'enregistrement des statuts.

En outre, le site de **l'INPI** propose des formations, des événements et des publications pour aider les entrepreneurs à mieux comprendre les enjeux de la propriété industrielle et à optimiser la gestion de leurs actifs immatériels.

Le site de l'INPI est une ressource précieuse pour les entrepreneurs qui cherchent à protéger leurs droits de propriété intellectuelle et à développer leur entreprise individuelle.

Voici le lien vers le site officiel de **l'INPI** :https://www.inpi.fr/

Chapitre II. Élaborer un projet d'entreprise

A. Analyser le marché et la concurrence

Avant de créer une entreprise individuelle, il est important d'analyser le marché et la concurrence pour s'assurer que son projet est viable et qu'il répond aux besoins des clients potentiels.

Analyse du marché

L'analyse du marché est une étape cruciale dans la création d'une entreprise individuelle. Elle permet d'identifier les tendances du marché, les opportunités et les menaces potentielles. Pour réaliser cette analyse, il est important de collecter des informations sur les différents acteurs du marché (clients, fournisseurs, concurrents, etc.), les tendances du marché, les segments de clientèle, les besoins des clients, etc.

Les éléments à prendre en compte pour réaliser une analyse du marché efficace

Les tendances du marché : il est important de se renseigner sur les tendances du marché pour comprendre l'évolution des besoins des clients, les évolutions réglementaires, les innovations technologiques, etc.

Les segments de clientèle : il est important d'identifier les différents segments de clientèle pour pouvoir cibler efficacement ses clients potentiels.

Les besoins des clients : il est important de comprendre les besoins des clients pour pouvoir proposer des produits ou services adaptés à leurs attentes.

Les acteurs du marché : il est important d'identifier les différents acteurs du marché (fournisseurs, concurrents, clients) pour comprendre les dynamiques du marché.

Les opportunités et les menaces : il est important d'identifier les opportunités et les menaces pour pouvoir adapter sa stratégie en conséquence.

Pour réaliser cette analyse, il est possible de consulter des sources d'information telles que les études de marché, les rapports sectoriels, les données statistiques, les enquêtes de satisfaction clients, etc.

Identifier le marché cible

Identifier le marché cible consiste à définir le groupe de consommateurs ou d'utilisateurs potentiels qui ont le plus grand besoin ou l'intérêt pour le produit ou le service proposé par l'entreprise. Cela implique une analyse approfondie des caractéristiques démographiques, géographiques, psychographiques et comportementales de la population visée.

Par exemple, une entreprise qui vend des produits de beauté peut cibler les femmes âgées de 18 à 35 ans, habitant dans les grandes villes, ayant un revenu moyen et s'intéressant aux produits naturels. En identifiant le marché cible de manière précise, l'entreprise peut adapter son marketing et sa communication pour atteindre plus efficacement les clients potentiels et générer des ventes.

Il est important de noter que le marché cible peut évoluer avec le temps en fonction des tendances et des changements dans les comportements d'achat des consommateurs. Il est donc essentiel de rester à l'écoute du marché et d'adapter la stratégie en conséquence.

Analyser l'offre existante

Analyser l'offre existante consiste à étudier les produits ou services proposés par les concurrents sur le marché. Cette analyse permet de connaître les caractéristiques, les avantages et les limites des produits ou services concurrents afin d'adapter ou de proposer une offre répondant aux attentes des clients et qui se démarque de la concurrence.

Pour analyser l'offre existante, il est recommandé

Dresser la liste des concurrents directs et indirects : cette liste permet de visualiser l'ensemble des acteurs présents sur le marché et de les classer selon leur secteur d'activité, leur taille, leur notoriété, etc.

Identifier les caractéristiques des produits ou services proposés par les concurrents : cette étape consiste à recueillir des informations sur les caractéristiques techniques, les fonctionnalités, la qualité, les tarifs, les modalités de vente, les garanties, etc.

Étudier les avantages et les limites de l'offre concurrente : il s'agit ici de comprendre les forces et les faiblesses des produits ou services proposés par les concurrents, les besoins qu'ils satisfont et ceux qu'ils ne satisfont pas.

Évaluer la stratégie de communication et de distribution des concurrents : cette étape permet de comprendre comment les concurrents communiquent sur leur offre, comment ils se positionnent sur le marché et comment ils distribuent leurs produits ou services.

Synthétiser les résultats de l'analyse : cette dernière étape consiste à synthétiser l'ensemble des informations recueillies pour définir une stratégie adaptée en termes de produits, de services, de tarifs, de communication et de distribution.

Évaluer la demande

L'évaluation de la demande est une étape importante dans l'analyse du marché. Elle consiste à identifier et à quantifier le besoin des consommateurs pour les produits ou services proposés par l'entreprise.

Étapes clés pour évaluer la demande

Analyse de la demande actuelle : Il est important de comprendre la demande actuelle pour le produit ou service que vous proposez. Les données de marché et les études de marché peuvent être utiles pour comprendre la demande actuelle.

Analyse de la demande future : Il est également important d'analyser la demande future pour le produit ou service proposé. Cette analyse peut être réalisée en se basant sur des tendances de marché, des prévisions économiques et des changements démographiques.

Analyse de la concurrence : L'analyse de la concurrence peut aider à évaluer la demande pour votre produit ou service. Il est important de connaître les produits et services proposés par les concurrents et leur part de marché.

Étude de marché : Une étude de marché peut être utile pour évaluer la demande pour votre produit ou service. Les études de marché peuvent inclure des enquêtes, des sondages et des groupes de discussion.

Une fois que vous avez évalué la demande, vous pouvez utiliser ces informations pour déterminer le potentiel de votre entreprise sur le marché et pour développer une stratégie de marketing efficace.

Étudier les tendances du marché

Pour étudier les tendances du marché, il est important de suivre de près les évolutions économiques, technologiques, démographiques, sociologiques et environnementales qui peuvent influencer le marché cible. Cette analyse permet de mieux comprendre les besoins et les attentes des clients potentiels et d'anticiper les changements futurs.

Par exemple, pour une entreprise de vente de produits électroniques, il est important de suivre les tendances en matière de technologies émergentes telles que l'intelligence artificielle, la réalité virtuelle et la blockchain, ainsi que les tendances en matière de consommation d'énergie et de développement durable. Cette analyse permet à l'entreprise de mieux adapter son offre aux besoins des clients et de rester compétitive sur le marché.

Il est également important de surveiller les tendances de la concurrence et d'identifier les opportunités de croissance. Par exemple, si une entreprise concurrente ferme, cela peut ouvrir des opportunités pour les entreprises existantes ou pour les nouvelles entreprises sur le marché. De même, l'arrivée de nouveaux concurrents peut exiger une adaptation rapide de la stratégie de l'entreprise pour maintenir sa position sur le marché.

Pour étudier les tendances du marché, il est important de suivre les évolutions et les changements dans le secteur d'activité visé.

Méthodes pour y parvenir

Rechercher des études de marché : Il existe de nombreuses études de marché sur divers secteurs d'activité qui peuvent aider à comprendre les tendances actuelles et futures. Ces études peuvent être achetées auprès d'entreprises spécialisées ou consultées gratuitement auprès d'organismes publics tels que l'INSEE.

Analyser les données économiques : Les statistiques économiques telles que le PIB, l'indice des prix à la consommation, le taux de chômage et les dépenses des consommateurs peuvent fournir des informations importantes sur les tendances du marché.

Examiner les publications spécialisées : Les publications spécialisées dans le secteur d'activité visé peuvent fournir des informations utiles sur les tendances actuelles et futures, les développements technologiques, les changements réglementaires et les nouveaux concurrents.

Suivre les réseaux sociaux et les blogs : Les médias sociaux peuvent donner un aperçu de ce que les consommateurs pensent de la marque ou du secteur d'activité. Les blogs spécialisés dans le secteur peuvent également offrir des informations sur les tendances et les développements.

Participer à des événements professionnels : Assister à des salons professionnels, des conférences et des événements de l'industrie est un excellent moyen de rencontrer des concurrents, des fournisseurs et des clients potentiels, tout en apprenant les dernières tendances du marché.

En fin de compte, il est important de combiner plusieurs sources d'informations pour avoir une compréhension complète des tendances du marché.

Analyse de la concurrence

L'analyse de la concurrence est une étape importante dans la création d'une entreprise, car elle permet d'identifier les forces et les faiblesses de ses concurrents directs et indirects.

Quelques éléments clés à prendre en compte pour réaliser une analyse de la concurrence

Identifier les concurrents directs : il s'agit des entreprises qui proposent les mêmes produits ou services que votre entreprise. Il est important d'identifier leurs points forts et leurs points faibles, leur positionnement sur le marché, leur politique de prix, leur communication, etc.

Identifier les concurrents indirects : il s'agit des entreprises qui ne proposent pas les mêmes produits ou services, mais qui peuvent être des alternatives pour les clients. Par exemple, pour une entreprise qui vend des pizzas, les concurrents indirects peuvent être des restaurants proposant des plats similaires ou des supermarchés proposant des pizzas surgelées.

Analyser les forces et les faiblesses des concurrents : une analyse SWOT (Strengths, Weaknesses, Opportunities, Threats) peut être utilisée pour identifier les points forts et les points faibles des concurrents. Il est important de prendre en compte leur stratégie de communication, leur politique de prix, leur qualité de service, leur réputation, etc.

Évaluer la part de marché des concurrents : cette étape permet de connaître la part de marché des concurrents, c'est-à-dire leur positionnement sur le marché par rapport aux autres acteurs. Cette information peut être obtenue à travers des études de marché, des enquêtes auprès des clients ou des données publiques.

Étudier l'évolution de la concurrence : il est important d'analyser l'évolution de la concurrence dans le temps, notamment en termes de nouveaux entrants sur le marché, de changements de stratégie des concurrents, d'innovations, etc.

Il est important de réaliser une analyse de la concurrence régulièrement, car le marché et les acteurs évoluent en permanence. Cette analyse permettra à votre entreprise de s'adapter aux changements et de prendre des décisions stratégiques en conséquence.

B. Étudier les aspects financiers

Pour créer une entreprise individuelle, il est essentiel de réaliser une étude financière approfondie pour s'assurer de la viabilité du projet.

Estimation des coûts

Estimer les coûts est une étape importante dans l'élaboration d'un projet entrepreneurial. Cela permet de déterminer le montant des investissements nécessaires et de prévoir les sources de financement. Voici les différentes étapes à suivre pour estimer les coûts :

Identifier les différents coûts : il est important de recenser tous les coûts liés au projet, aussi bien les coûts directs (matières premières, équipements, salaires...) que les coûts indirects (loyer, électricité, assurances...).

Évaluer le coût des matières premières : il est nécessaire de calculer le coût des matières premières nécessaires à la production. Cela peut être fait en contactant les fournisseurs ou en effectuant des recherches sur les prix du marché.

Évaluer le coût des équipements et des infrastructures : cela concerne tous les équipements et les infrastructures nécessaires pour la production. Il est important de prendre en compte le coût d'acquisition, d'installation et d'entretien.

Évaluer le coût de la main-d'œuvre : cela concerne les salaires et les charges sociales. Il est important de prendre en compte les coûts liés aux salaires, mais également les congés payés, les indemnités de licenciement, les cotisations sociales, etc.

Évaluer les autres coûts : il s'agit des coûts indirects tels que les loyers, les charges, les assurances, les frais de déplacement, etc.

Une fois que tous les coûts ont été identifiés et évalués, il est possible de déterminer le montant total des investissements nécessaires. Il est important de faire des estimations précises pour éviter les mauvaises surprises et les dépenses imprévues.

Recherche de financements

Il existe différentes sources de financement pour les entreprises, notamment

Les prêts bancaires

Les subventions publiques

Le financement participatif

Les business angels

Les fonds d'investissement

Les programmes d'accélération

Il est important pour l'entrepreneur de bien analyser ses besoins financiers et de choisir la source de financement la plus adaptée à son projet et à sa situation. Il peut également être judicieux de diversifier ses sources de financement pour réduire les risques.

La recherche de financements peut être facilitée par la constitution d'un dossier de présentation du projet incluant notamment le business plan et le prévisionnel financier. Il est également important de bien préparer la négociation des conditions de financement pour obtenir les meilleures conditions possibles.

Élaboration du prévisionnel financier

L'élaboration du prévisionnel financier est une étape clé pour toute création d'entreprise. Elle permet d'estimer les coûts liés à l'activité, de définir le chiffre d'affaires prévisionnel et de déterminer la rentabilité du projet.

Pour élaborer un prévisionnel financier, il est important de prendre en compte différents éléments tels que les charges fixes et variables, les investissements nécessaires, les charges sociales et fiscales, les charges de personnel, les frais de communication, etc.

Le prévisionnel financier se compose généralement d'un compte de résultat prévisionnel, d'un bilan prévisionnel et d'un plan de financement.

Le compte de résultat prévisionnel permet de prévoir le chiffre d'affaires, les charges d'exploitation et les charges financières de l'entreprise. Il permet également d'estimer le résultat net de l'exercice.

Le bilan prévisionnel permet quant à lui d'estimer l'actif et le passif de l'entreprise à un moment donné, ainsi que la trésorerie prévisionnelle.

Enfin, le plan de financement permet de décrire les différentes sources de financement de l'entreprise, comme les apports en capital, les prêts bancaires ou encore les subventions.

L'élaboration du prévisionnel financier peut être complexe et nécessite souvent l'aide d'un expert-comptable ou d'un conseiller en création d'entreprise. Il est également important de mettre à jour régulièrement le prévisionnel financier afin de s'adapter aux évolutions de l'activité.

Chers amis lecteurs,

Merci d'avoir pris le temps de lire mon livre. Votre soutien et vos retours sont précieux. Si vous avez trouvé ce livre utile, je vous encourage à laisser un commentaire sur la page du produit où vous l'avez acheté. Votre avis peut aider d'autres personnes et faire connaître ce livre à un plus large public.

Merci de tout cœur,

Kpindotchin Cléopâtre Ouattara

academiecreateurs@gmail.com

Si vous avez des avis à me transmettre sur le sujet ou sur certains éléments du livre, n'hésitez pas à m'écrire à cette adresse email.

Vos retours pourront contribuer à diffuser le maximum d'informations.

Chapitre III. Choisir un statut juridique

A. Les différentes formes d'entreprises individuelles (micro-entreprise, entreprise individuelle à responsabilité limitée (EIRL), etc.)

1. La micro-entreprise

La micro-entreprise est une forme d'entreprise individuelle qui a été créée en France en 2009 pour encourager l'entrepreneuriat et faciliter la création d'entreprise. Elle est destinée aux entrepreneurs qui souhaitent exercer une activité économique de manière indépendante, avec un chiffre d'affaires limité.

Les avantages de la micro-entreprise sont nombreux. Elle permet notamment de bénéficier d'un régime fiscal et social simplifié, avec une déclaration et un paiement des cotisations sociales et de l'impôt sur le revenu en ligne, chaque mois ou chaque trimestre selon l'activité exercée. Le taux de cotisations sociales est également réduit par rapport aux autres formes d'entreprise individuelle.

En contrepartie, la micro-entreprise est soumise à un plafond de chiffre d'affaires annuel, qui dépend de l'activité exercée. Ce plafond est fixé à 72 600 euros pour les prestations de services et les professions libérales, et à 176 200 euros pour les activités commerciales et artisanales en 2021. Au-delà de ces seuils, l'entrepreneur doit obligatoirement changer de régime juridique et fiscal.

La micro-entreprise peut être créée en ligne sur le site de la Chambre des métiers et de l'artisanat, sur le site de la Chambre de commerce et d'industrie, ou sur le site autoentrepreneur.urssaf.fr. La création est gratuite et rapide, et nécessite simplement de fournir des informations sur l'activité exercée, le régime fiscal et social choisi, et les coordonnées de l'entrepreneur.

Voir un exemple de tableau pour la micro-entreprise :

Caractéristiques	Micro-entreprise
Forme juridique	Entreprise individuelle
Régime fiscal	Micro-BIC (bénéfices industriels et commerciaux) ou Micro-BNC (bénéfices non commerciaux)
Régime social	Micro-social simplifié
Chiffre d'affaires maximal	176 200 euros pour les activités de vente de marchandises, fournitures de denrées à emporter ou à consommer sur place ou prestations d'hébergement, et 72 500 euros pour les autres activités
Imposition des bénéfices	Impôt sur le revenu (IR)
TVA	Optionnelle, régime de franchise en base pour les micro-entreprises
Responsabilité financière	Illimitée sur le patrimoine personnel

Comptabilité	Allégée, tenue d'un livre de recettes et d'un registre des achats obligatoire
Formalités de création	Simplifiées

Notez que ces caractéristiques peuvent varier en fonction des évolutions législatives et réglementaires. Il est donc important de se référer aux sources officielles pour obtenir des informations actualisées.

2. L'entreprise individuelle à responsabilité limitée (EIRL)

C'est une forme d'entreprise individuelle qui permet de protéger son patrimoine personnel en cas de dettes professionnelles, en affectant une partie de ses biens à l'activité professionnelle. Le dirigeant bénéficie également d'un régime fiscal et social spécifique (elle n'existe plus pour les nouvelles entreprises individuelles, parce que la forme juridique de l'entreprise individuelle a été simplifiée en 2022).

Dorénavant les entreprises individuelles ont leur patrimoine professionnel et personnel séparé systématiquement).

3. L'entreprise individuelle

L'entreprise individuelle est une forme d'entreprise où une seule personne est responsable de l'ensemble de l'activité. C'est la forme la plus simple et la plus courante d'entreprise. L'entrepreneur individuel est responsable de toutes les dettes de l'entreprise avec son patrimoine personnel.

L'entreprise individuelle est facile à créer et à gérer. Elle ne nécessite pas de capital minimum pour démarrer, et les formalités administratives sont simples et peu coûteuses. L'entrepreneur individuel est libre de prendre toutes les décisions et de gérer l'entreprise selon ses souhaits.

Cependant, l'entreprise individuelle présente également des inconvénients importants. L'entrepreneur individuel est responsable de toutes les dettes de l'entreprise avec son patrimoine personnel, ce qui signifie qu'en cas de faillite de l'entreprise, il peut perdre tous ses biens personnels.

L'entreprise individuelle peut également rencontrer des difficultés pour obtenir des financements importants ou pour se développer au-delà d'une certaine taille.

B. Les obligations juridiques liées au choix du statut

Le choix du statut juridique pour une entreprise individuelle a des conséquences juridiques et fiscales.

Selon la forme juridique choisie, l'entrepreneur sera soumis à certaines obligations légales, notamment

L'inscription au Registre du Commerce et des Sociétés (RCS) ou au Répertoire des Métiers (RM) selon le secteur d'activité de l'entreprise.

Inscription sur www.inpi.fr

L'immatriculation auprès des organismes sociaux (URSSAF, Sécurité Sociale des Indépendants, etc.) pour bénéficier de la protection sociale.

Le respect des règles en matière de facturation (mentions obligatoires, délais de paiement, etc.).

La tenue d'une comptabilité régulière pour les entreprises soumises à l'impôt sur le revenu et à la TVA.

Le paiement des cotisations sociales et fiscales selon le régime fiscal et social applicable.

Il est important de bien comprendre les obligations liées au choix du statut juridique pour éviter tout risque de sanctions, de pénalités ou de contentieux avec les autorités administratives. Il est recommandé de se faire accompagner par un professionnel pour répondre à toutes les obligations légales.

Chapitre IV. Accomplir les formalités de création

A. Les démarches administratives

Pour créer une entreprise individuelle, l'entrepreneur doit accomplir plusieurs démarches administratives auprès des organismes compétents.

Les principales étapes

1. La déclaration d'activité

La déclaration d'activité est une étape cruciale pour la création d'une entreprise individuelle. Elle permet d'informer les différentes administrations de l'existence de votre activité et de se mettre en règle vis-à-vis de la législation en vigueur.

Pour effectuer cette déclaration, vous devez vous adresser au Centre de Formalités des entreprises (CFE) de votre région, qui peut être la Chambre de Commerce et d'Industrie, la Chambre des Métiers et de l'Artisanat ou l'URSSAF.

La déclaration peut être réalisée en ligne sur le site de la www.inpi.fr

Les informations nécessaires pour effectuer la déclaration d'activité comprennent notamment les éléments d'identification de l'entrepreneur (nom, prénom, adresse), la nature de l'activité exercée, le régime fiscal choisi, le régime social souhaité, etc.

Il est important de réaliser cette déclaration dans les délais impartis pour éviter toute sanction financière ou pénale.

2. L'obtention d'un numéro SIRET

Le numéro **SIRET** (Système d'Identification du Répertoire des Établissements) est un identifiant unique attribué à chaque entreprise ou établissement en France. Il est composé de 14 chiffres et permet de les identifier de manière précise dans les répertoires et les bases de données des administrations, des organismes sociaux, des banques et des fournisseurs.

Pour obtenir un numéro **SIRET** en tant qu'entreprise individuelle, il faut effectuer une déclaration de création d'entreprise auprès du Centre de Formalités des Entreprises (**CFE**) compétent. Selon l'activité de l'entreprise et sa localisation géographique, le **CFE** peut être la Chambre de Commerce et d'Industrie, la Chambre des Métiers et de l'Artisanat, ou l'URSSAF ou **INPI**.

La déclaration peut se faire en ligne sur le site officiel guichet-entreprises.fr, par courrier en remplissant le formulaire adéquat, ou sur **INPI.FR**.

Les pièces à fournir peuvent varier en fonction de l'activité et de la structure de l'entreprise, mais en général, il est nécessaire de fournir :

Une pièce d'identité en cours de validité du déclarant

Un justificatif de domicile

Une déclaration sur l'honneur de non-condamnation

Un justificatif de domicile ou domiciliation de l'entreprise

Un acte de filiation avec le nom des parents

Une photocopie de pièce d'identité avec une écriture manuscrite confirmant l'authenticité avec l'original.

(D'autres documents peuvent vous être demandés en fonction du domaine)

Après l'enregistrement de la déclaration, **l'INSEE** (Institut National de la Statistique et des Études Économiques) attribue un numéro **SIREN** (Système d'Identification du Répertoire des entreprises) à l'entreprise, qui est ensuite transmis au **CFE**. Le CFE procède alors à l'attribution d'un numéro **SIRET** à l'entreprise.

Il est important de noter que l'obtention d'un numéro SIRET est obligatoire pour exercer une activité commerciale, artisanale ou libérale en France.

3. L'inscription au Registre du Commerce et des Sociétés (RCS) ou au Répertoire des Métiers (RM)

L'inscription au Registre du Commerce et des Sociétés (**RCS**) ou au Répertoire des Métiers (**RM**) est une étape importante pour les entrepreneurs individuels qui exercent une activité commerciale, artisanale ou libérale.

Le RCS est destiné aux entreprises exerçant une activité commerciale. Il permet l'identification et l'immatriculation de toutes les entreprises du secteur marchand. L'inscription au RCS est obligatoire pour les entreprises individuelles dont le chiffre d'affaires dépasse certains seuils, fixés chaque année.

Le RM est quant à lui réservé aux artisans, c'est-à-dire aux personnes physiques ou morales exerçant une activité de production, de transformation, de réparation ou de prestation de services relevant de l'artisanat. L'immatriculation au RM est obligatoire pour toutes les entreprises artisanales, quel que soit leur chiffre d'affaires.

Pour s'inscrire au RCS ou au RM, l'entrepreneur doit fournir plusieurs pièces justificatives, telles que

une déclaration d'activité ;

un justificatif d'identité ;

une attestation de domiciliation ;

un extrait de casier judiciaire ;

une déclaration de non-condamnation.

Il est important de noter que l'immatriculation au RCS ou au RM entraîne l'attribution d'un numéro SIREN et d'un code APE (Activité Principale Exercée), qui permettent d'identifier l'entreprise et de la classer dans une catégorie d'activité.

4. La demande d'un compte bancaire professionnel

Pour une entreprise individuelle, il est fortement recommandé d'ouvrir un compte bancaire professionnel afin de séparer les transactions professionnelles des transactions personnelles. La demande d'un tel compte peut se faire auprès de sa banque habituelle ou d'une autre banque de son choix, comme les comptes en ligne.

Il convient de fournir plusieurs pièces justificatives lors de la demande, telles que la **carte d'identité, un extrait Kbis ou un extrait d'immatriculation, le formulaire de déclaration de début d'activité, le prévisionnel financier**, etc. Selon la banque, des frais peuvent être facturés pour l'ouverture du compte professionnel.

Il est important de bien comparer les offres des différentes banques en termes de frais, de services proposés et de conditions d'utilisation avant de faire son choix.

5. La souscription d'une assurance responsabilité civile professionnelle

La souscription d'une assurance responsabilité civile professionnelle (RC pro) est une étape importante pour les entrepreneurs individuels qui souhaitent se protéger contre les risques liés à leur activité. Cette assurance couvre les dommages causés à des tiers dans le cadre de l'activité professionnelle, comme des erreurs, des omissions ou des négligences.

La souscription d'une RC pro n'est pas obligatoire pour toutes les entreprises individuelles, mais elle est recommandée pour certaines activités comme les professions libérales ou les artisans. Les tarifs varient en fonction de l'activité et du chiffre d'affaires de l'entreprise.

Il est conseillé de comparer les offres d'assurance RC pro et de demander des devis à plusieurs assureurs afin de trouver la couverture la plus adaptée à son activité et à son budget. Il est également possible de souscrire une assurance multirisque professionnelle qui couvre à la fois la responsabilité civile et les dommages causés aux biens professionnels.

6. La déclaration et le paiement des cotisations sociales et fiscales

En tant qu'entrepreneur individuel, vous êtes soumis à des obligations de déclaration et de paiement de cotisations sociales et fiscales. Vous devez vous immatriculer auprès du Centre de Formalités des Entreprises (**CFE**) compétent en fonction de votre activité et vous inscrire auprès des organismes sociaux et fiscaux compétents.

Pour les cotisations sociales, vous devez vous inscrire auprès de la Sécurité sociale des indépendants (**ex-RSI**) ou de la Caisse interprofessionnelle de prévoyance et d'assurance vieillesse (**CIPAV**) selon votre activité. Les cotisations sociales sont calculées en fonction de votre chiffre d'affaires et doivent être payées mensuellement ou trimestriellement.

Concernant les cotisations fiscales, vous devez vous inscrire auprès de la Direction générale des Finances publiques (**DGFiP**) pour déclarer et payer votre impôt sur le revenu et votre contribution économique territoriale (**CET**), si vous y êtes soumis.

Il est important de respecter les délais de déclaration et de paiement pour éviter les sanctions et les majorations de retard. Des régularisations peuvent également être effectuées en cas d'erreur ou d'omission dans les déclarations.

7. La tenue d'une comptabilité régulière

La tenue d'une comptabilité régulière est obligatoire pour toute entreprise individuelle en France, quelle que soit sa forme juridique. Cette comptabilité doit respecter certaines règles et permettre de suivre l'activité de l'entreprise de manière précise.

Dans le cas d'une entreprise individuelle, la comptabilité doit être tenue par l'entrepreneur lui-même ou par un expert-comptable. Elle doit comprendre :

Un livre-journal, qui enregistre jour par jour toutes les opérations effectuées par l'entreprise.

Un grand livre, qui regroupe les comptes de l'entreprise et permet de les consulter de manière synthétique.

Un compte de résultat, qui permet de calculer le bénéfice ou la perte de l'entreprise sur une période donnée.

Un bilan, qui présente la situation financière de l'entreprise à un moment donné.

La comptabilité doit être tenue sur des supports papier ou informatiques, et conservée pendant au moins 10 ans. Elle doit également être régulièrement présentée à l'administration fiscale, qui peut en demander la consultation à tout moment.

Le grand livre

C'est un document qui enregistre toutes les transactions financières d'une entreprise en ordre chronologique. Il est divisé en différents comptes qui reflètent les différents types de transactions. Chaque compte contient des informations sur les transactions effectuées, y compris la date, le montant, la description et le compte associé.

Le grand livre est utilisé pour préparer le bilan, le compte de résultat et d'autres états financiers importants. Il est également utilisé pour préparer les déclarations fiscales et pour suivre les tendances financières de l'entreprise.

Un exemple de ce à quoi peut ressembler un grand livre

Compte	Date	Description	Débit	Crédit	Solde
1100	1/1	Vente de produits	5000		5000
2010	1/5	Achat de matériaux		1500	3500
4010	1/10	Paiement de salaires		2000	1500
1200	1/15	Paiement de clients		3000	4500

2020	1/20 Achat de fournitures	500	4000	

Dans cet exemple, il y a cinq comptes différents : 1100 pour les ventes de produits, 2010 pour les achats de matériaux, 4010 pour les paiements de salaires, 1200 pour les paiements de clients et 2020 pour les achats de fournitures. Les colonnes Débit et Crédit indiquent le montant de la transaction pour chaque compte, tandis que la colonne Solde indique le solde du compte après chaque transaction. Le solde final de chaque compte peut être utilisé pour préparer les états financiers de l'entreprise.

Un exemple de livre-journal pour une entreprise individuelle

Date	Numéro de pièce	Libellé	Débit	Crédit
01/01/2023	1	Apport en capital par le propriétaire	10 000,00€	
02/01/2023	2	Achat de matériel informatique chez X		2 000,00€
03/01/2023	3	Facture de vente n° 001 à la société Y	3 500,00€	
05/01/2023	4	Paiement de la facture fournisseur X par chèque n° 001	2 000,00€	

07/01/2023	5	Achat de fournitures de bureau chez Y		300,00€
10/01/2023	6	Vente au comptant n° 002 à M. Z	500,00€	
15/01/2023	7	Achat de marchandises chez fournisseur A		1 200,00€
20/01/2023	8	Paiement des charges sociales et fiscales par chèque n° 002	1 500,00€	
25/01/2023	9	Règlement d'une facture de téléphone par prélèvement automatique	50,00€	
31/01/2023	10	Vente à crédit n° 003 à la société B	2 000,00€	

Ce livre-journal présente les différentes opérations effectuées par l'entreprise au cours du mois de janvier 2023. Chaque opération est identifiée par une date, un numéro de pièce, un libellé, un montant débité et un montant crédité. Le livre-journal permet de suivre chronologiquement les mouvements de l'entreprise et de les reporter par la suite dans le compte de résultat et le bilan.

Un exemple de compte de résultat pour une entreprise fictive

Produits	Montant

	Montant
Ventes	100 000 €
Autres produits	5 000 €
Total produits	105 000 €

Charges	Montant
Achats de marchandises	30 000 €
Charges de personnel	35 000 €
Loyers et charges locatives	10 000 €
Charges financières	2 000 €
Impôts et taxes	5 000 €
Autres charges	8 000 €

Total charges	90 000 €

Résultat	Montant
Résultat net avant impôts	15 000 €
Impôts sur les bénéfices	4 500 €
Résultat net après impôts	10 500 €

Ce compte de résultat indique que l'entreprise a réalisé un chiffre d'affaires de **105 000 €**, en vendant pour **100 000 €** de produits et pour **5 000 €** d'autres produits. Elle a également supporté des charges pour un montant de 90 000 €, comprenant notamment des achats de marchandises, des charges de personnel, des loyers, des charges financières, des impôts et taxes, et d'autres charges.

Le résultat net avant impôts s'élève à **15 000 €** (105 000 € de produits - 90 000 € de charges). Après paiement des impôts sur les bénéfices pour un montant de 4 500 €, le résultat net après impôts est de 10 500 €.

Un bilan est un document comptable qui présente la situation financière d'une entreprise à une date donnée. Il se compose de deux parties : l'actif et le passif.

L'actif représente l'ensemble des biens et des droits détenus par l'entreprise, ainsi que les créances qu'elle possède sur des tiers.

Il se divise en deux catégories : l'actif immobilisé (terrains, bâtiments, équipements, etc.) et l'actif circulant (stocks, créances clients, etc.).

Le passif représente l'ensemble des dettes et des obligations de l'entreprise envers des tiers. Il se divise également en deux **catégories** : le passif immobilisé (dettes à long terme, emprunts, etc.) et le passif circulant (dettes à court terme, fournisseurs, etc.).

Voici un exemple de bilan simplifié

Actif	Montant (en euros)	Passif	Montant (en euros)
Actif immobilisé	150 000	Capitaux propres	120 000
Actif circulant	50 000	Dettes à long terme	30 000
Total de l'actif	200 000	Total du passif	150 000

Dans cet exemple, l'entreprise possède un actif total de 200 000 euros, dont 150 000 euros en actif immobilisé et 50 000 euros en actif circulant. Le passif total de l'entreprise s'élève à 150 000 euros, dont 120 000 euros de capitaux propres et 30 000 euros de dettes à long terme.

L'actif immobilisé est une catégorie du bilan comptable qui regroupe les éléments du patrimoine de l'entreprise destinés à être conservés durablement dans l'activité de l'entreprise. Ces éléments sont souvent appelés actifs non courants ou immobilisations. Ils sont acquis dans le but de générer des revenus ou des économies pour l'entreprise sur une longue période. Les actifs immobilisés peuvent être tangibles (comme des biens immobiliers, des équipements de production ou des véhicules) ou intangibles (comme des brevets, des marques ou des logiciels).

Leur valeur comptable est la valeur d'origine d'acquisition, diminuée des amortissements et des éventuelles dépréciations constatées au cours de la vie de l'actif. La présentation de l'actif immobilisé dans le bilan permet aux actionnaires, aux partenaires financiers et aux autorités fiscales d'évaluer la capacité de l'entreprise à générer des revenus sur le long terme et de mesurer sa stabilité financière.

L'actif circulant, également appelé actif courant, est un ensemble de postes du bilan d'une entreprise qui regroupent l'ensemble des éléments qui sont destinés à être vendus, transformés ou consommés dans le cadre de l'activité courante de l'entreprise.

L'actif circulant comprend principalement

Les stocks : matières premières, produits en cours de fabrication, produits finis, emballages, etc.

Les créances clients : montant des ventes effectuées mais non encore encaissées.

Les placements à court terme : trésorerie de l'entreprise placée sur des comptes à terme, des **bons du trésor, des actions, etc.**

Les autres actifs courants : avances et acomptes versés, charges constatées d'avance, etc.

L'actif circulant est un indicateur important de la santé financière d'une entreprise, car il reflète sa capacité à générer de la trésorerie à court terme et à financer ses besoins en fonds de roulement.

B. Les obligations légales

Les obligations légales auxquelles est soumise une entreprise individuelle dépendent notamment de la forme juridique choisie (micro-entreprise, entreprise individuelle classique, entreprise individuelle à responsabilité limitée, etc.) et de son activité.

Les principales obligations légales à respecter pour une entreprise individuelle

1. L'immatriculation au RCS ou au RM

L'immatriculation au Registre du Commerce et des Sociétés (RCS) ou au Répertoire des Métiers (RM) est obligatoire pour toute entreprise individuelle qui exerce une activité commerciale ou artisanale. Cette immatriculation permet à l'entreprise d'obtenir un numéro SIRET, qui est un identifiant unique, ainsi que d'autres informations nécessaires à son activité. Elle doit être réalisée auprès du CFE (Centre de Formalités des Entreprises) compétent en fonction de l'activité exercée et du lieu d'implantation de l'entreprise.

2. La souscription d'une assurance responsabilité civile professionnelle

La souscription d'une assurance responsabilité civile professionnelle est obligatoire pour certaines activités réglementées telles que les professions libérales ou les artisans. Cependant, même si elle n'est pas obligatoire pour toutes les activités, elle est fortement recommandée car elle couvre les dommages causés à des tiers dans le cadre de l'activité professionnelle. Elle peut ainsi protéger l'entreprise individuelle en cas de litiges ou de réclamations. Les modalités de souscription varient en fonction de la nature de l'activité et du niveau de risque associé. Il est donc important de se renseigner auprès d'un professionnel de l'assurance pour déterminer les garanties nécessaires.

3. Le respect des règles fiscales

Le respect des règles fiscales est une obligation légale importante pour une entreprise individuelle.

Cela implique notamment

La déclaration et le paiement de la TVA : si l'entreprise individuelle est soumise à la TVA, elle doit la collecter sur les ventes et la reverser à l'administration fiscale. La déclaration et le paiement se font généralement mensuellement ou trimestriellement.

La déclaration et le paiement de l'impôt sur le revenu (IR) : l'entreprise individuelle est imposée sur les bénéfices réalisés, qui sont déclarés dans la catégorie des bénéfices industriels et commerciaux (BIC) ou des bénéfices non commerciaux (BNC), selon la nature de l'activité. Les bénéfices sont ajoutés aux autres revenus du dirigeant et soumis à l'impôt sur le revenu.

La tenue d'une comptabilité régulière : l'entreprise individuelle doit tenir une comptabilité régulière pour permettre le calcul de l'impôt sur le revenu et de la TVA. Selon le régime fiscal choisi (réel simplifié ou réel normal), la comptabilité peut être tenue en partie double ou en recettes/dépenses.

Le respect des obligations déclaratives : l'entreprise individuelle doit effectuer différentes déclarations fiscales, comme la déclaration annuelle de résultats, la déclaration de TVA, la déclaration de revenus, etc. Les échéances et modalités varient selon la nature de l'entreprise et le régime fiscal choisi.

Le respect des obligations en matière de facturation : l'entreprise individuelle doit émettre des factures conformes aux règles en vigueur, notamment en matière de mentions obligatoires. Les factures doivent être conservées pendant un certain délai pour permettre les contrôles fiscaux.

Il est recommandé de se faire accompagner par un professionnel (expert-comptable, avocat fiscaliste, etc.) pour respecter ces obligations fiscales et éviter les erreurs ou les oublis qui peuvent entraîner des sanctions financières.

4. Le respect des règles sociales

Le respect des règles sociales est une obligation légale importante pour les entreprises individuelles. Cela comprend notamment :

Le paiement des cotisations sociales : les travailleurs indépendants doivent s'inscrire auprès de la sécurité sociale des indépendants (SSI) et payer des cotisations sociales obligatoires pour bénéficier d'une protection sociale (santé, retraite, etc.).

Le respect des règles relatives au temps de travail : les entrepreneurs individuels doivent respecter les durées légales de travail, les temps de repos, et les règles relatives aux congés payés.

Le respect des règles relatives à l'embauche : si l'entreprise individuelle emploie du personnel, elle doit respecter les règles relatives à l'embauche (contrat de travail, salaire minimum, durée légale du travail, etc.).

La prévention des risques professionnels : les travailleurs indépendants doivent prendre en compte les risques professionnels liés à leur activité et mettre en place des mesures de prévention pour assurer la sécurité et la santé des travailleurs.

En cas de non-respect de ces obligations, l'entrepreneur individuel s'expose à des sanctions financières et à des poursuites judiciaires.

5. La tenue d'une comptabilité

La tenue d'une comptabilité est une obligation légale pour toutes les entreprises, y compris les entreprises individuelles. Cela implique de suivre et d'enregistrer toutes les opérations financières de l'entreprise, de tenir un livre-journal, un grand livre et de dresser un bilan et un compte de résultat à la fin de l'exercice comptable. Cette comptabilité doit être régulièrement mise à jour et conservée pendant plusieurs années. En France, les entreprises individuelles peuvent tenir une comptabilité de trésorerie ou d'engagement, en fonction de leur statut fiscal et de leur chiffre d'affaires. Les entreprises individuelles peuvent également opter pour la tenue d'une comptabilité simplifiée, en utilisant un logiciel de comptabilité en ligne ou un expert-comptable pour les aider à tenir leur comptabilité.

6. Le respect des règles environnementales

En tant qu'acteur économique, l'entreprise individuelle est tenue de respecter certaines règles environnementales pour limiter son impact sur l'environnement. Elle doit notamment se conformer aux normes de traitement des déchets, d'émission de polluants et de protection des ressources naturelles. Dans certains cas, selon la nature de son activité, elle peut également être tenue de réaliser des études d'impact environnemental ou de mettre en place des mesures de prévention ou de réduction des risques.

Il est important de se renseigner auprès des autorités compétentes (CCI, CMA, Urssaf, etc.) pour connaître les obligations légales spécifiques à son activité et à sa forme juridique.

Chapitre V. Les obligations comptables et fiscales de l'entreprise individuelle

A. La tenue de la comptabilité

La tenue de la comptabilité est une obligation légale pour les entreprises individuelles.

Voici les principales obligations comptables pour une entreprise individuelle :

1. Tenir un livre des recettes et un livre des achats

En tant qu'entreprise individuelle, vous avez l'obligation de tenir un livre des recettes et un livre des achats pour votre activité professionnelle.

Le livre des recettes est un document qui enregistre l'ensemble des recettes réalisées par votre entreprise individuelle. Il doit être tenu de manière chronologique et régulière, et être daté et numéroté de façon continue. Toutes les informations relatives à vos ventes et prestations de services doivent y être consignées, comme le montant des ventes, le nom du client, la date de la transaction, etc.

Le livre des achats, quant à lui, est un document qui enregistre l'ensemble des achats réalisés par votre entreprise individuelle. Il doit également être tenu de manière chronologique et régulière, et être daté et numéroté de façon continue. Toutes les informations relatives à vos achats de biens et de services doivent y être consignées, comme le montant des achats, le nom du fournisseur, la date de la transaction, etc.

Ces livres constituent une pièce justificative importante pour votre comptabilité et doivent être conservés pendant au moins 10 ans.

Voici un exemple de modèle de livre des recettes et des achats pour une entreprise individuelle

Date	Numéro de pièce	Nature de l'opération	Montant (€)
01/01/2023	001	Vente de produits	1 000
05/01/2023	002	Achat de matières premières	500
10/01/2023	003	Vente de services	800
15/01/2023	004	Achat de fournitures de bureau	50

Dans ce tableau, la première colonne correspond à la date de l'opération, la deuxième colonne au numéro de la pièce justificative (facture, ticket de caisse, etc.), la troisième colonne à la nature de l'opération (vente de produits, achat de matières premières, etc.) et la quatrième colonne au montant de l'opération en euros (€).

Le livre des recettes et des achats permet de suivre toutes les opérations commerciales de l'entreprise individuelle et de justifier les sommes encaissées et dépensées.

2. Établir un compte de résultat et un bilan

Pour une entreprise individuelle, l'établissement d'un compte de résultat et d'un bilan est important pour avoir une vision claire de sa situation financière et pour évaluer sa performance.

Le compte de résultat permet de déterminer le bénéfice ou la perte de l'entreprise sur une période donnée (généralement un exercice comptable annuel). Il se présente sous la forme suivante :

CHARGES	Montant
Achats	XXX
Charges de personnel	XXX
Charges sociales et fiscales	XXX
Loyers et charges locatives	XXX
Frais de déplacements et de mission	XXX
Frais financiers	XXX

	Montant
Dotations aux amortissements et provisions	XXX
Autres charges	XXX
TOTAL DES CHARGES	XXX

PRODUITS	Montant
Ventes	XXX
Prestations de services	XXX
Subventions d'exploitation	XXX
Autres produits	XXX
TOTAL DES PRODUITS	XXX

| RÉSULTAT NET | XXX |

Le bilan, quant à lui, présente la situation patrimoniale de l'entreprise à un moment donné (généralement à la fin de l'exercice comptable).

Il se compose de deux parties : l'actif et le passif.

L'actif représente ce que possède l'entreprise, tandis que le **passif** représente ce qu'elle doit. L'équation fondamentale du bilan est donc la suivante

Actif = Passif

Le bilan se présente sous la forme suivante

ACTIF	Montant	PASSIF	Montant
Actif immobilisé	XXX	Capitaux propres	XXX
Actif circulant	XXX	Dettes à long terme	XXX
Stocks	XXX	Dettes à court terme	XXX
Créances clients	XXX	Fournisseurs et comptes rattachés	XXX
Disponibilités	XXX	Autres dettes	XXX
TOTAL DE L'ACTIF	XXX	TOTAL DU PASSIF	XXX

Il est important de noter que ces deux documents comptables doivent être établis conformément aux normes comptables en vigueur et être appuyés par les pièces justificatives nécessaires (factures, relevés bancaires, etc.)

3. Établir une déclaration de résultat

La déclaration de résultat est un document fiscal obligatoire que doit remplir chaque année l'entrepreneur individuel. Cette déclaration permet de déclarer les résultats de l'entreprise et de calculer le montant de l'impôt sur le revenu dû au titre de l'année précédente.

La déclaration de résultat doit être déposée au plus tard le deuxième jour ouvré suivant le 1er mai pour les entreprises individuelles soumises au régime de l'impôt sur le revenu.

Le montant de l'impôt sur le revenu est calculé sur la base du bénéfice réalisé au cours de l'année précédente, après déduction des charges déductibles. L'impôt sur le revenu est alors directement prélevé sur le compte bancaire de l'entrepreneur.

Il est donc essentiel de tenir une comptabilité rigoureuse tout au long de l'année pour établir une déclaration de résultat précise et éviter tout problème fiscal. Il est également recommandé de faire appel à un expert-comptable pour l'établissement de cette déclaration et la gestion de la comptabilité de l'entreprise individuelle.

La déclaration de résultat est un document qui récapitule les résultats financiers d'une entreprise sur une période donnée (généralement un exercice fiscal). Elle est établie à partir des comptes de résultats et du bilan de l'entreprise.

La déclaration de résultat comprend plusieurs éléments, tels que

Le chiffre d'affaires : il s'agit du montant total des ventes réalisées par l'entreprise au cours de l'exercice fiscal ;

Les charges d'exploitation : il s'agit des dépenses liées à l'activité de l'entreprise, telles que les achats de marchandises, les frais de personnel, les loyers, les frais de déplacement, etc. ;

Les charges financières : il s'agit des intérêts et autres frais financiers liés à l'endettement de l'entreprise ;

Les produits financiers : il s'agit des revenus financiers générés par l'entreprise, tels que les intérêts perçus sur des placements ;

Le résultat d'exploitation : il s'obtient en soustrayant les charges d'exploitation du chiffre d'affaires ;

Le résultat financier : il s'obtient en soustrayant les charges financières des produits financiers ;

Le résultat exceptionnel : il s'agit des éléments exceptionnels qui n'apparaissent pas dans le cadre de l'activité courante de l'entreprise, tels que les plus-values sur cession d'actifs ;

Le résultat net : il s'obtient en soustrayant du résultat d'exploitation le résultat financier et le résultat exceptionnel.

La déclaration de résultat est un document important pour l'entreprise, car elle permet de mesurer sa performance financière et de déterminer le montant de l'impôt sur les bénéfices à payer. Elle est également utile pour prendre des décisions stratégiques, telles que l'investissement dans de nouveaux projets ou la distribution de dividendes aux actionnaires.

4. Tenir un livre de paie si l'entreprise individuelle emploie des salariés

Tout à fait, si l'entreprise individuelle emploie des salariés, elle doit tenir un livre de paie qui permet de consigner toutes les informations relatives aux salaires et aux charges sociales afférentes. Ce livre de paie doit comporter des informations telles que le nom et prénom des salariés, leur date d'embauche, leur salaire brut, le montant des cotisations sociales salariales et patronales, etc.

Il est important de noter que la tenue d'un livre de paie est une obligation légale pour toutes les entreprises qui emploient du personnel. Les informations qui y sont consignées sont nécessaires pour établir les fiches de paie et effectuer les déclarations sociales et fiscales afférentes.

Il existe aujourd'hui de nombreux logiciels de paie qui permettent de faciliter cette tâche et de se conformer aux obligations légales en matière de paie.

5. Respecter les règles fiscales et comptables

Les règles fiscales et comptables sont très importantes pour une entreprise individuelle car elles déterminent la manière dont l'entreprise doit enregistrer ses opérations financières et fiscales. Voici quelques points clés à respecter :

Tenir une comptabilité régulière : l'entreprise doit enregistrer toutes ses opérations financières (achats, ventes, dépenses, recettes, etc.) dans un livre comptable régulier.

Respecter les règles fiscales : l'entreprise doit déclarer ses revenus et payer les taxes correspondantes (TVA, impôt sur le revenu, etc.) selon les échéances et les modalités fixées par l'administration fiscale.

Produire des documents comptables : l'entreprise doit produire chaque année un compte de résultat et un bilan, ainsi qu'une déclaration de résultat, pour permettre à l'administration fiscale de vérifier sa situation fiscale.

Tenir un livre de paie : si l'entreprise emploie des salariés, elle doit tenir un livre de paie pour enregistrer les salaires et les charges sociales correspondantes.

Respecter les règles spécifiques à son activité : certaines activités peuvent avoir des règles fiscales et comptables spécifiques qu'il convient de respecter (par exemple, pour les professions libérales, les artisans ou les commerçants).

Il est important de se tenir informé des évolutions législatives et réglementaires en matière fiscale et comptable pour respecter les obligations légales en vigueur. Il peut être utile de faire appel à un expert-comptable pour vous aider dans la tenue de votre comptabilité et vous conseiller sur les règles fiscales à respecter.

Pour faciliter la gestion et le suivi comptable de l'entreprise individuelle, il est recommandé d'utiliser des outils de gestion et de suivi comptable.

Voici quelques exemples d'outils

Un logiciel de comptabilité
Un logiciel de comptabilité est un outil informatique qui permet de gérer la comptabilité d'une entreprise. Il permet notamment de saisir et de suivre les opérations comptables, d'éditer des documents comptables tels que les factures, les devis, les bons de commande, les relevés de compte, les fiches de paie, les déclarations fiscales, les bilans et les comptes de résultats.

Le logiciel de comptabilité permet également de générer des tableaux de bord et des statistiques pour suivre l'évolution de l'entreprise, de contrôler les dépenses et les recettes, de gérer les stocks et les factures clients et fournisseurs. Il peut être connecté à d'autres logiciels de gestion tels que les logiciels de gestion commerciale, les logiciels de gestion de la paie, les logiciels de gestion de stock, les logiciels de gestion des projets, etc.

Les logiciels de comptabilité peuvent être installés sur un ordinateur local ou accessibles en ligne via un navigateur web. Ils peuvent être payants ou gratuits et proposent des fonctionnalités plus ou moins avancées en fonction des besoins de l'entreprise. Il existe de nombreux éditeurs de logiciels de comptabilité sur le marché, tels que Sage, EBP, Ciel, QuickBooks, Zoho, etc.certains étant spécialement conçus pour les entreprises individuelles.

Des exemples de logiciels de comptabilité pour les entreprises individuelles

Sage One : ce logiciel permet de gérer la comptabilité, la facturation, les devis et les stocks. Il offre également un suivi des dépenses et des recettes.

EBP Compta Classic : ce logiciel permet de tenir une comptabilité complète et conforme aux normes fiscales en vigueur. Il permet également de réaliser des devis et des factures.

QuickBooks : ce logiciel permet de gérer la comptabilité, la facturation, les devis et les stocks. Il offre également un suivi des dépenses et des recettes, ainsi qu'un accès en ligne pour une utilisation à distance.

Zervant : ce logiciel permet de créer des factures professionnelles en ligne, ainsi que de gérer les clients et les fournisseurs. Il offre également des rapports de synthèse sur les revenus et les dépenses de l'entreprise.

Fizen : ce logiciel permet de gérer la comptabilité, les factures, les devis et les stocks. Il offre également des outils pour la gestion des notes de frais et des frais professionnels.

Ces logiciels offrent une solution efficace pour la gestion de la comptabilité d'une entreprise individuelle, mais il est toujours recommandé de consulter un expert-comptable pour s'assurer de la conformité fiscale et comptable de l'entreprise.

Un logiciel de facturation
Un logiciel de facturation est un outil informatique qui permet de créer des factures et de gérer la facturation d'une entreprise.

Il permet notamment de

Créer des factures à partir de modèles prédéfinis ou personnalisables ;

Gérer les devis et les commandes clients ;

Suivre les règlements et les échéances de paiement ;

Générer des relances automatiques pour les factures impayées ;

Exporter les données pour la comptabilité et la gestion financière de l'entreprise.

Il existe de nombreux logiciels de facturation sur le marché, certains sont payants et d'autres gratuits, et ils peuvent être adaptés à différents types d'entreprises et de besoins spécifiques.

Des exemples de logiciels de facturation

Facture.net

Zoho Invoice

QuickBooks

Ciel Facturation

Sage 50 cloud Ciel

EBP Facturation

Debitoor

FreshBooks

Wave

Billbee

Ces logiciels peuvent faciliter la gestion de la facturation pour une entreprise individuelle en permettant un suivi plus efficace des factures et des paiements, ainsi qu'une automatisation de certaines tâches administratives.

Un tableau de bord de gestion
Un tableau de bord de gestion est un outil de pilotage qui permet à une entreprise de suivre ses performances en temps réel. Il s'agit d'un ensemble d'indicateurs de performance clés (KPI) qui permettent à l'entreprise de mesurer sa performance financière, commerciale, opérationnelle, etc.

Le tableau de bord de gestion permet à l'entreprise de prendre des décisions plus éclairées en se basant sur des données précises et actualisées. Il permet également de suivre l'évolution des indicateurs de performance sur une période donnée, de détecter rapidement les écarts par rapport aux objectifs fixés, et de mettre en place des actions correctives si nécessaire.

Exemple d'indicateurs qui peuvent figurer dans un tableau de bord de gestion

Chiffre d'affaires

Marge brute

Taux de marge

Coûts de production

Coûts de marketing et de publicité

Résultat net

Nombre de clients

Taux de conversion

Panier moyen

Taux de fidélisation des clients

Délai de paiement des clients

Niveau de stocks

Taux de rotation des stocks

Un logiciel de tableau de bord de gestion peut être utilisé pour automatiser la collecte et l'analyse des données, ainsi que pour générer des rapports personnalisés. Cela permet à l'entreprise de gagner du temps et de se concentrer sur la prise de décisions stratégiques plutôt que sur la collecte et l'analyse de données.

Un expert-comptable

Un expert-comptable est un professionnel de la comptabilité et de la finance, inscrit à l'Ordre des Experts-Comptables. Il assiste les entreprises dans la gestion de leur comptabilité, la production de leurs états financiers, leur fiscalité et leur gestion sociale. L'expert-comptable peut également prodiguer des conseils aux entrepreneurs dans la gestion de leur entreprise, notamment en matière de stratégie, d'investissement ou de développement. Il peut aussi être sollicité pour réaliser des missions d'audit ou d'évaluation d'entreprise. L'intervention d'un expert-comptable peut être ponctuelle ou régulière, en fonction des besoins et de la taille de l'entreprise.

Un expert-comptable peut aider une entreprise individuelle à plusieurs niveaux.

Par exemple, il peut

Assister l'entrepreneur dans les démarches de création de l'entreprise

Établir la comptabilité de l'entreprise

Établir les déclarations fiscales obligatoires

Conseiller l'entrepreneur dans la gestion de son entreprise (optimisation fiscale, gestion de la trésorerie, etc.)

Assister l'entrepreneur dans les opérations de transmission ou de cessation de son entreprise.

Par exemple, un expert-comptable peut aider une entreprise individuelle à réaliser une étude de marché pour mieux comprendre son secteur d'activité et identifier les opportunités et les risques. Il peut également aider l'entrepreneur à élaborer un business plan, à obtenir des financements et à optimiser sa gestion comptable et fiscale.

B. Les déclarations fiscales et sociales

Les déclarations fiscales et sociales constituent une partie importante des obligations légales d'une entreprise individuelle.

Voici les principales déclarations fiscales et sociales à effectuer La déclaration de TVA : si l'entreprise individuelle est assujettie à la TVA, elle doit déclarer et payer la TVA collectée sur les ventes et récupérer la TVA payée sur les achats. Cette déclaration est généralement trimestrielle ou mensuelle.

1. L'impôt sur le revenu

L'impôt sur le revenu (**IR**) est un impôt direct prélevé sur les revenus des personnes physiques. Il s'applique à tous les revenus, qu'ils soient d'origine professionnelle ou non, perçus par les personnes physiques domiciliées fiscalement en France.

Le calcul de l'impôt sur le revenu se fait à partir du revenu net imposable, qui correspond au total des revenus soumis à l'IR, après déduction des charges déductibles, comme les frais professionnels, les pensions alimentaires, les dons aux associations, etc.

Le barème de **l'IR** est progressif, c'est-à-dire que le taux d'imposition augmente en fonction de la tranche de revenu. Il est actualisé chaque année par la loi de finances.

L'impôt sur le revenu doit être déclaré chaque année au plus tard à la fin du mois de mai, pour les contribuables qui déclarent leurs revenus en ligne, ou à la fin du mois de juin pour les déclarations papier. Le paiement de l'impôt sur le revenu se fait en général en trois fois, en février, mai et septembre, mais il est possible d'opter pour le prélèvement mensuel ou trimestriel.

Les entreprises individuelles sont soumises à l'impôt sur le revenu dans la mesure où elles relèvent du régime fiscal de la micro-entreprise ou de l'entreprise individuelle. Dans ce cas, l'impôt sur le revenu est calculé sur le bénéfice de l'entreprise, c'est-à-dire la différence entre les recettes et les charges. Si l'entreprise individuelle opte pour le régime réel d'imposition, elle sera soumise à l'impôt sur les sociétés (**IS**) plutôt qu'à **l'IR**.

2. La contribution économique territoriale (CET)

La contribution économique territoriale (**CET**) est un impôt local français qui a remplacé la taxe professionnelle en 2010.

Elle est composée de deux taxes : la Cotisation Foncière des Entreprises (**CFE**) et la Cotisation sur la Valeur Ajoutée des Entreprises (**CVAE**).

La CFE est une taxe locale sur la propriété foncière des entreprises. Elle est due chaque année par toutes les entreprises qui exercent une activité professionnelle au 1er janvier de l'année d'imposition. Son montant dépend de la valeur locative des biens immobiliers utilisés pour l'activité.

La CVAE est une taxe sur la valeur ajoutée des entreprises. Elle est due par toutes les entreprises qui réalisent un chiffre d'affaires supérieur à 152 500 euros par an. Son taux est progressif et dépend de la valeur ajoutée produite par l'entreprise.

Le montant total de la **CET** varie en fonction de la taille et de la localisation de l'entreprise. Elle est destinée à financer les services publics locaux tels que les infrastructures et les équipements. Les entreprises peuvent bénéficier de différentes exonérations et allègements fiscaux en fonction de leur taille et de leur secteur d'activité.

La contribution économique territoriale (**CET**) est une taxe qui est due par toutes les entreprises, quel que soit leur statut juridique ou leur régime fiscal. Elle est composée de deux taxes distinctes : la cotisation foncière des entreprises (**CFE**) et la cotisation sur la valeur ajoutée des entreprises (**CVAE**).

Par exemple, une entreprise qui exerce une activité commerciale et qui réalise un chiffre d'affaires de 500 000 euros par an devra payer la CFE et la CVAE selon les taux en vigueur dans sa commune et son département. Si la CFE est de 1 000 euros et la CVAE de 2 500 euros, alors l'entreprise devra payer un total de 3 500 euros de CET.

Il est important de noter que les entreprises dont le chiffre d'affaires est inférieur à un certain seuil peuvent être exonérées de la **CFE**. De plus, les entreprises qui réalisent un chiffre d'affaires inférieur à 152 500 euros peuvent être soumises à un régime simplifié de la **CVAE**.

3. Les cotisations sociales

Les cotisations sociales sont des prélèvements obligatoires que doivent verser les entreprises et les travailleurs indépendants pour financer la sécurité sociale et les régimes de retraite complémentaire. Le montant des cotisations sociales est calculé en pourcentage du revenu ou du chiffre d'affaires.

Pour les travailleurs indépendants, les cotisations sociales comprennent notamment

La cotisation d'assurance maladie-maternité

La cotisation d'allocations familiales

La cotisation d'assurance vieillesse de base

La contribution à la formation professionnelle

La cotisation supplémentaire d'assurance vieillesse pour les professions libérales.

Le taux de ces cotisations varie en fonction de l'activité exercée, du chiffre d'affaires réalisé et de la situation personnelle du travailleur indépendant. Il est donc important de se renseigner auprès des organismes compétents (**URSSAF, RSI, etc.**) pour connaître les modalités de calcul des cotisations sociales.
Les cotisations sociales peuvent varier en fonction du statut juridique de l'entreprise individuelle, de son régime fiscal et de son chiffre d'affaires.

Exemple de calcul des cotisations sociales pour une micro-entreprise en 2023

Taux de cotisations sociales : Les taux de cotisations sociales pour les micro-entreprises et les entreprises individuelles dépendent de plusieurs facteurs, notamment de leur régime fiscal, de leur activité et de leur chiffre d'affaires.

Exemples de taux de cotisations sociales pour les micro-entreprises en 2023

Pour les activités de vente de marchandises, de fourniture de logement ou de prestation d'hébergement, le taux de cotisations sociales est de **22%** en "régime micro-social simplifié" et de **12,8%** en "régime micro-social classique".

Pour les autres activités, le taux de cotisations sociales est de **12,8%** en "régime micro-social simplifié" et de **22%** en "régime micro-social classique".

Pour les micro-entreprises qui optent pour le régime réel d'imposition, les cotisations sociales sont calculées sur la base de leur bénéfice imposable et les taux varient en fonction de leur activité et de leur situation.

Pour les entreprises individuelles, les taux de cotisations sociales varient également en fonction de leur régime fiscal, de leur activité et de leur chiffre d'affaires. Voici quelques exemples de taux de cotisations sociales pour les entreprises individuelles en 2023 :

Pour les activités commerciales, artisanales et industrielles relevant du régime social des indépendants (RSI), le taux de cotisations sociales est de **22,9%** pour les revenus jusqu'à **41 136 €**, puis de **6,5%** au-delà.

Pour les professions libérales relevant de la Caisse nationale d'Assurance Vieillesse des professions libérales (**CNAVPL**), le taux de cotisations sociales est de **24,6%** pour les revenus jusqu'à **44 328 €**, puis de **11%** au-delà.

Pour les artistes-auteurs relevant de l'Agessa, le taux de cotisations sociales est de 8% pour les revenus jusqu'à **41 136 €**, puis de **2,2%** au-delà.

Il est important de noter que ces taux sont donnés à titre indicatif et peuvent évoluer en fonction des évolutions législatives et réglementaires. Il est recommandé de se renseigner auprès des organismes compétents pour connaître les taux de cotisations sociales applicables à sa situation.

Les taux de cotisations sociales pour les micro-entreprises et les entreprises individuelles dépendent de plusieurs facteurs, tels que le statut juridique de l'entreprise, le régime fiscal choisi et le chiffre d'affaires réalisé.

Pour les micro-entreprises, il existe deux régimes fiscaux qui déterminent les taux de cotisations sociales

Le régime micro-social simplifié : ce régime s'applique aux micro-entrepreneurs qui réalisent des activités de vente de marchandises, de fourniture de logement ou de prestation d'hébergement. Le taux de cotisations sociales est de **22%** du chiffre d'affaires. L'abattement forfaitaire pour frais professionnels est de **34%**.

Le régime micro-social classique : ce régime s'applique aux micro-entrepreneurs qui réalisent des activités autres que celles mentionnées ci-dessus. Le taux de cotisations sociales est de **12,8%** du chiffre d'affaires. L'abattement forfaitaire pour frais professionnels est de **50%**.

Pour les entreprises individuelles, les taux de cotisations sociales dépendent du statut juridique de l'entreprise et de son régime fiscal. Voici quelques exemples de taux de cotisations sociales pour les entreprises individuelles :

Pour les entreprises individuelles en régime réel d'imposition, le taux de cotisations sociales est de **45%** de la base d'imposition.

Cette base est calculée en déduisant les charges et les abattements fiscaux du chiffre d'affaires.

Il est important de noter que ces taux de cotisations sociales peuvent varier en fonction de la situation de l'entreprise individuelle ou de la micro-entreprise. Il est donc conseillé de se renseigner auprès d'un expert-comptable ou d'un centre de formalités des entreprises pour connaître les taux de cotisations sociales applicables à votre situation.

Abattement forfaitaire pour frais professionnels

L'abattement forfaitaire pour frais professionnels est une déduction fiscale appliquée sur les revenus des travailleurs indépendants et des micro-entrepreneurs. Il permet de compenser les dépenses liées à l'exercice de l'activité professionnelle, comme les frais de déplacement, de repas, de formation, etc.

Le montant de l'abattement est fixé par la loi et varie en fonction du régime fiscal et de l'activité de l'entreprise.

Pour les micro-entreprises, l'abattement forfaitaire est de **34 %** pour les activités de vente de marchandises, de fourniture de logement ou de prestation d'hébergement, et de **50 %** pour les autres activités.

Pour les entreprises individuelles soumises à l'impôt sur le revenu, l'abattement forfaitaire est fixé à **34 %** du chiffre d'affaires hors taxes pour l'ensemble des activités.

Il est important de noter que l'abattement forfaitaire ne s'applique que sur la part du chiffre d'affaires correspondant à la rémunération du travailleur indépendant. Ainsi, si une entreprise individuelle réalise un chiffre d'affaires de 50 000 €, mais que la rémunération du travailleur indépendant n'est que de 30 000 €, l'abattement forfaitaire sera calculé sur les 30 000 € de rémunération et non sur les 50 000 € de chiffre d'affaires.

Plafond annuel de chiffre d'affaires pour bénéficier du régime de la micro-entreprise

Le régime de la micro-entreprise (anciennement appelé régime de l'auto-entrepreneur) permet à certains entrepreneurs individuels de bénéficier d'un régime simplifié en matière de comptabilité et de paiement des charges sociales et fiscales. Pour pouvoir bénéficier de ce régime, l'entrepreneur individuel doit respecter certains plafonds de chiffre d'affaires :

176 200 € pour les activités de vente de marchandises, de fourniture de logement ou de prestation d'hébergement,

72 600 € pour les autres activités relevant de la catégorie des bénéfices industriels et commerciaux (BIC) ou des bénéfices non commerciaux (BNC).

Si le chiffre d'affaires de l'entreprise dépasse ces seuils, l'entrepreneur individuel devra opter pour un régime réel d'imposition et tenir une comptabilité en bonne et due forme.

Exemple de calcul pour une micro-entreprise en "régime micro-social simplifié" réalisant un chiffre d'affaires annuel de 50 000 € :

Chiffre d'affaires annuel : *50 000 €*

Abattement forfaitaire pour frais professionnels : *34% x 50 000 € = 17 000 €*

Base de calcul des cotisations sociales : *50 000 € - 17 000 € = 33 000 €*

Cotisations sociales : *33 000 € x 22% = 7 260 €*

Dans cet exemple, la micro-entreprise devra verser 7 260 € de cotisations sociales pour l'année 2023.

Il est important de respecter les délais de déclaration et de paiement pour éviter des pénalités et des majorations de retard. Il est recommandé de se faire accompagner par un expert-comptable pour la gestion des déclarations fiscales et sociales.

Chapitre VI. La gestion opérationnelle de l'entreprise individuelle

A. Gérer les achats et les stocks

Gérer les achats et les stocks est une tâche importante dans la gestion d'une entreprise individuelle.

Quelques étapes clés pour y parvenir

1. Élaborer une stratégie d'achat

L'élaboration d'une stratégie d'achat efficace peut aider une entreprise à réduire ses coûts d'achat et à améliorer sa rentabilité. Voici les étapes clés pour élaborer une stratégie d'achat :

Analyse des besoins : il est important de bien comprendre les besoins de l'entreprise en matière d'achat, les quantités nécessaires, les spécifications des produits et les délais de livraison.

Évaluation des fournisseurs : il est important d'identifier les fournisseurs potentiels, de les évaluer en termes de qualité, de coût, de fiabilité et de capacité à répondre aux besoins de l'entreprise.

Établissement des relations avec les fournisseurs : il est important d'établir des relations solides avec les fournisseurs sélectionnés, en leur communiquant clairement les attentes de l'entreprise et en établissant des accords contractuels clairs.

Négociation des conditions d'achat : il est important de négocier les meilleures conditions d'achat possibles, en se concentrant sur les prix, les conditions de paiement, les délais de livraison et les garanties de qualité.

Évaluation continue : il est important de surveiller en permanence les performances des fournisseurs et de revoir régulièrement les accords contractuels pour s'assurer qu'ils restent pertinents et concurrentiels.

En élaborant une stratégie d'achat efficace, une entreprise peut réaliser des économies importantes tout en garantissant la qualité et la fiabilité des produits achetés.

2. Établir un budget

Établir un budget est une étape cruciale pour la gestion financière d'une entreprise individuelle. Cela permet de planifier les dépenses et les recettes, d'évaluer la rentabilité de l'entreprise et de prendre des décisions éclairées.

Les étapes pour établir un budget

Évaluer les recettes : déterminer les sources de revenus de l'entreprise, comme les ventes, les services rendus ou les investissements. Il faut également estimer le montant de ces recettes.

Analyser les dépenses : il est important de déterminer toutes les dépenses de l'entreprise, comme les achats de matières premières, les salaires, les frais de location, les charges fiscales et sociales, les frais de publicité, etc.

Identifier les postes de dépenses prioritaires : classer les dépenses en fonction de leur importance pour l'activité de l'entreprise.

Établir un plan de trésorerie : il s'agit d'évaluer les besoins en trésorerie de l'entreprise sur une période donnée. Cela permet de prévoir les moments où l'entreprise aura besoin de liquidités pour couvrir les dépenses et les investissements.

Établir un budget prévisionnel : cela permet de prévoir les recettes et les dépenses sur une période donnée, généralement un an. Le budget doit être équilibré, c'est-à-dire que les recettes doivent être égales ou supérieures aux dépenses.

Suivre et ajuster le budget : il est important de suivre régulièrement l'évolution des recettes et des dépenses par rapport au budget prévisionnel et d'ajuster le budget si nécessaire.

Un budget bien établi permet à l'entreprise individuelle de planifier ses dépenses, d'optimiser ses recettes et de prendre des décisions éclairées pour assurer sa rentabilité.

3. Suivre les stocks

Suivre les stocks est essentiel pour toute entreprise qui gère des produits physiques. Cela permet de savoir à tout moment quelles quantités de produits sont disponibles, de planifier les achats ou les productions, de prévenir les ruptures de stock, de limiter les pertes et de mieux gérer les coûts.

Pour suivre les stocks, il est nécessaire de tenir un registre ou d'utiliser un logiciel de gestion de stocks. Ce registre ou logiciel doit contenir les informations suivantes :

La quantité de chaque produit en stock

La date d'entrée en stock de chaque produit

La date de sortie de chaque produit vendu ou utilisé en interne

Le fournisseur de chaque produit en stock

Le prix d'achat de chaque produit en stock

Le prix de vente de chaque produit

La marge bénéficiaire sur chaque produit

En tenant à jour ces informations, il est possible de savoir en temps réel quelle est la valeur du stock, combien de temps il faut pour écouler le stock actuel, quels produits se vendent le mieux, et de déterminer les quantités à commander pour éviter les ruptures de stock tout en limitant les coûts d'achat.

4. Gérer les relations avec les fournisseurs

La gestion des relations avec les fournisseurs est un aspect important de la gestion d'une entreprise individuelle.

Quelques points clés à considérer

Établir des relations de confiance : la relation entre l'entreprise individuelle et ses fournisseurs doit être basée sur la confiance et la transparence. Il est important de travailler avec des fournisseurs fiables et de qualité.

Négocier les termes de paiement : il est essentiel de négocier les termes de paiement avec les fournisseurs afin de maintenir une bonne gestion de la trésorerie. Les conditions de paiement peuvent varier en fonction des fournisseurs, et il est important de les comprendre avant de s'engager.

Suivre les délais de livraison : il est important de suivre les délais de livraison pour s'assurer que les produits ou services sont livrés dans les délais impartis. Si des retards surviennent, il est important de communiquer avec le fournisseur pour résoudre le problème.

Gérer les litiges : en cas de problème avec un fournisseur, il est important de gérer le litige rapidement et efficacement. Il peut être utile de mettre en place un processus de gestion des réclamations pour traiter les problèmes rapidement.

Évaluer régulièrement les fournisseurs : il est important d'évaluer régulièrement les fournisseurs pour s'assurer qu'ils répondent toujours aux besoins de l'entreprise individuelle en termes de qualité, de prix et de délais de livraison. Cette évaluation peut être effectuée en utilisant des indicateurs clés de performance (KPI) tels que le taux de satisfaction des clients, les taux de retour de produits défectueux, etc.

5. Optimiser les achats

Pour optimiser les achats, il est important de mettre en place une stratégie d'achat efficace et de suivre régulièrement les stocks.

Quelques autres conseils pour optimiser les achats

Établir un cahier des charges : Pour éviter les achats inutiles ou de mauvaise qualité, il est important de définir précisément les besoins de l'entreprise en termes de produits ou de services. Établir un cahier des charges permet de fixer des critères de qualité, de quantité, de délais de livraison et de prix.

Comparer les offres des fournisseurs : Pour obtenir le meilleur rapport qualité-prix, il est important de comparer les offres de différents fournisseurs. Cette comparaison peut se faire sur la base du cahier des charges établi.

Négocier les prix : La négociation des prix avec les fournisseurs peut permettre de réaliser des économies substantielles. Il est important de chercher à obtenir des remises en fonction du volume d'achat ou de la durée du contrat.

Favoriser les fournisseurs locaux : En favorisant les fournisseurs locaux, l'entreprise peut bénéficier d'une livraison plus rapide et de frais de transport moins élevés. De plus, cela peut contribuer à renforcer les liens avec la communauté locale.

Suivre les délais de paiement : Il est important de respecter les délais de paiement convenus avec les fournisseurs pour éviter des pénalités de retard ou des relations commerciales tendues.

Mettre en place une politique de gestion des stocks : Il est important de suivre régulièrement les stocks pour éviter les ruptures de stock ou les surstocks. Une bonne gestion des stocks peut permettre de réduire les coûts d'achat et d'optimiser la gestion de la trésorerie.

En appliquant ces conseils, l'entreprise pourra optimiser ses achats et réaliser des économies substantielles.

B. Gérer la production ou la prestation de services

La gestion de la production ou de la prestation de services est une tâche clé pour toute entreprise, y compris pour une entreprise individuelle.

Quelques étapes importantes à suivre

1. Planifier les activités

La planification des activités est une étape essentielle dans la gestion d'une entreprise individuelle. Cela implique de déterminer les tâches à réaliser, les échéances à respecter et les ressources nécessaires pour atteindre les objectifs fixés.

Quelques étapes clés pour planifier les activités

Définir les objectifs : il est important de déterminer les objectifs à court et à long terme de l'entreprise individuelle. Ces objectifs doivent être spécifiques, mesurables, atteignables, pertinents et temporels.

Identifier les tâches à réaliser : une fois les objectifs définis, il faut identifier les tâches nécessaires pour les atteindre. Il est utile de dresser une liste de ces tâches en fonction de leur priorité et de leur complexité.

Déterminer les échéances : chaque tâche doit être associée à une échéance précise pour permettre une bonne planification du temps. Il est également important de tenir compte des délais de livraison des fournisseurs et des délais de paiement des clients.

Estimer les ressources nécessaires : pour chaque tâche, il est important d'estimer les ressources nécessaires, notamment en termes de temps, de budget et de personnel.

Assigner les tâches et les responsabilités : chaque tâche doit être attribuée à une personne spécifique en fonction de ses compétences et de ses disponibilités. Il est également important de définir les responsabilités de chaque personne pour éviter toute confusion.

Suivre et ajuster le plan : une fois le plan établi, il est important de le suivre régulièrement pour s'assurer que les activités sont bien menées dans les délais impartis et pour détecter d'éventuels écarts. Il est également important de pouvoir ajuster le plan en fonction des changements imprévus qui pourraient survenir.

En planifiant efficacement les activités de l'entreprise individuelle, le gérant peut maximiser son temps, réduire les erreurs et les retards, et augmenter la productivité et la rentabilité de son entreprise.

2. Contrôler la qualité des produits ou des services

Contrôler la qualité des produits ou des services est une étape cruciale dans la gestion d'une entreprise individuelle. Il s'agit de s'assurer que les produits ou les services proposés répondent aux normes de qualité attendues par les clients et sont conformes aux spécifications techniques prévues.

Quelques étapes clés pour contrôler la qualité des produits ou des services

Établir des critères de qualité : il est important de définir les critères de qualité attendus pour chaque produit ou service proposé. Ces critères peuvent inclure des mesures de performance, des caractéristiques de conception ou des normes de sécurité.

Élaborer des processus de contrôle qualité : une fois que les critères de qualité ont été établis, il est important de mettre en place des processus de contrôle qualité pour s'assurer que les produits ou les services répondent à ces critères. Les processus de contrôle qualité peuvent inclure des inspections visuelles, des tests de performance ou des analyses de laboratoire.

Former les employés : les employés doivent être formés aux processus de contrôle qualité et aux critères de qualité établis pour les produits ou les services qu'ils produisent ou offrent. Cela peut inclure des formations sur les techniques de mesure, les méthodes d'inspection ou les procédures de test.

Suivre les résultats : il est important de suivre les résultats des processus de contrôle qualité pour identifier les éventuels problèmes de qualité et prendre des mesures correctives si nécessaire. Cela peut impliquer de mesurer régulièrement les performances des produits ou des services, de surveiller les plaintes des clients ou de mener des enquêtes sur la satisfaction des clients.

En résumé, contrôler la qualité des produits ou des services implique de définir des critères de qualité, d'élaborer des processus de contrôle qualité, de former les employés et de suivre les résultats pour s'assurer que les produits ou les services répondent aux normes de qualité attendues par les clients.

3. Suivre les indicateurs de performance

Suivre les indicateurs de performance est une étape importante dans la gestion d'une entreprise individuelle. Ces indicateurs permettent de mesurer la performance de l'entreprise et de prendre des décisions éclairées.

Quelques exemples d'indicateurs de performance à suivre

Le chiffre d'affaires : il s'agit du montant total des ventes réalisées par l'entreprise sur une période donnée. Cet indicateur permet de mesurer la croissance de l'entreprise et sa capacité à générer des revenus.

Le taux de marge brute : il s'agit du pourcentage de la marge brute par rapport au chiffre d'affaires. La marge brute correspond à la différence entre le coût d'achat des produits ou des matières premières et le prix de vente. Ce taux permet de mesurer la rentabilité de l'entreprise.

Le taux de satisfaction client : il s'agit du pourcentage de clients satisfaits par rapport au nombre total de clients. Cet indicateur permet de mesurer la qualité des produits ou des services offerts par l'entreprise et d'identifier les axes d'amélioration.

Le taux de rotation des stocks : il s'agit du nombre de fois que le stock est renouvelé au cours d'une période donnée. Cet indicateur permet de mesurer l'efficacité de la gestion des stocks et d'optimiser les achats.

Le taux de délais de paiement : il s'agit du nombre de jours de retard de paiement par rapport à la date d'échéance. Cet indicateur permet de mesurer la santé financière de l'entreprise et d'identifier les clients qui présentent un risque de non-paiement.

En suivant ces indicateurs de performance, l'entrepreneur individuel peut prendre des décisions éclairées pour améliorer la gestion de son entreprise et assurer sa pérennité.

4. Optimiser les processus

Optimiser les processus consiste à améliorer la manière dont les tâches sont réalisées dans une entreprise individuelle pour gagner en efficacité, réduire les coûts et augmenter la satisfaction des clients.

Quelques exemples de processus qui peuvent être optimisés

Processus de production : l'optimisation du processus de production peut permettre de réduire les délais de fabrication, les coûts de production et d'améliorer la qualité des produits ou services.

Processus de gestion des commandes : optimiser le processus de gestion des commandes peut permettre de réduire les délais de livraison, d'augmenter la satisfaction des clients et de réduire les coûts liés aux retours ou aux annulations de commandes.

Processus de gestion des stocks : optimiser le processus de gestion des stocks peut permettre de réduire les coûts de stockage, d'augmenter la disponibilité des produits ou services pour les clients et de réduire les pertes de stocks.

Processus de facturation : l'optimisation du processus de facturation peut permettre de réduire les délais de paiement des clients, de réduire les erreurs de facturation et de réduire les coûts liés aux relances ou aux impayés.

Processus de gestion des ressources humaines : optimiser le processus de gestion des ressources humaines peut permettre de réduire les coûts liés à la gestion du personnel, d'augmenter la satisfaction des employés et de réduire les délais de recrutement.

En optimisant ces processus, une entreprise individuelle peut améliorer sa performance et augmenter sa rentabilité.

5. Gérer les ressources humaines

La gestion des ressources humaines est une fonction clé pour les entreprises individuelles qui emploient du personnel. Elle comprend plusieurs activités telles que la recherche de candidats, le recrutement, la formation, l'évaluation des performances, la gestion des absences, la paie et les avantages sociaux, ainsi que la gestion des conflits et des relations avec les employés.

Quelques tâches courantes liées à la gestion des ressources humaines pour les entreprises individuelles

Élaborer une stratégie de recrutement pour identifier les compétences et les profils des employés nécessaires à l'entreprise.

Réaliser des annonces d'emploi pour attirer des candidats potentiels.

Mener des entretiens d'embauche pour évaluer les compétences des candidats et leur compatibilité avec l'entreprise.

Planifier et organiser des formations pour améliorer les compétences des employés.

Évaluer les performances des employés et leur fournir des commentaires constructifs pour les aider à s'améliorer.

Gérer les absences et les congés des employés.

Établir la paie et les avantages sociaux, tels que les assurances et les régimes de retraite.

Fournir un environnement de travail sain et sûr pour les employés.

Gérer les conflits et les relations avec les employés pour éviter les problèmes et assurer une communication efficace.

Dans les petites entreprises individuelles, la gestion des ressources humaines est souvent prise en charge par le propriétaire de l'entreprise lui-même. Toutefois, certaines tâches peuvent être externalisées à des professionnels des ressources humaines ou à des entreprises de services de paie pour soulager la charge de travail de l'entrepreneur.

C. Gérer les ressources humaines

La gestion des ressources humaines est une activité clé pour toute entreprise, y compris pour une entreprise individuelle. Cela consiste à gérer les relations avec les employés, à recruter de nouveaux talents, à développer leurs compétences et leur motivation, à évaluer leur performance et à assurer leur bien-être au travail.

Quelques étapes importantes pour la gestion des ressources humaines dans une entreprise individuelle

1. Élaborer une stratégie RH

La gestion des ressources humaines (RH) est un élément clé de la réussite d'une entreprise. Elle consiste à recruter, former, motiver, évaluer et récompenser les employés pour atteindre les objectifs de l'entreprise. Pour élaborer une stratégie RH efficace, voici quelques étapes clés :

Analyser les besoins en personnel : Il est important de déterminer le nombre et le type d'employés nécessaires pour atteindre les objectifs de l'entreprise. Cette analyse peut être basée sur les prévisions de croissance, les projections de ventes, les tendances du marché, etc.

Élaborer un plan de recrutement : Une fois que les besoins en personnel ont été identifiés, il est temps de mettre en place un plan de recrutement. Cela peut inclure la publication d'annonces d'emploi, la participation à des foires d'emploi, la recherche de candidats sur les réseaux sociaux professionnels, etc.

Développer une stratégie de formation : La formation des employés est essentielle pour améliorer leurs compétences et leur productivité. Il est important d'identifier les domaines dans lesquels les employés ont besoin de formation et de mettre en place un plan de formation efficace pour combler les lacunes.

Établir une politique de rémunération : La rémunération des employés doit être compétitive pour attirer et retenir les talents. Il est important de définir une politique de rémunération équitable et transparente, qui prend en compte les salaires du marché et les performances des employés.

Mettre en place un système d'évaluation de la performance : Évaluer régulièrement la performance des employés est important pour assurer leur développement et leur progression professionnelle. Il est important de mettre en place un système d'évaluation clair et objectif, qui permet de mesurer les réalisations et les résultats des employés.

Favoriser un environnement de travail positif : La satisfaction et le bien-être des employés ont un impact direct sur leur productivité et leur loyauté envers l'entreprise. Il est important de créer un environnement de travail positif, qui encourage la collaboration, la communication et la reconnaissance des employés.

En élaborant une stratégie RH solide, une entreprise peut attirer et retenir les meilleurs talents, améliorer la productivité et l'efficacité des employés, et atteindre ses objectifs à long terme.

2. Recruter les bons talents

Recruter les bons talents est une étape importante dans la gestion des ressources humaines.

Voici quelques étapes clés pour recruter efficacement

Définir les besoins en recrutement : il est important de savoir quelles compétences et quelles qualifications sont nécessaires pour le poste à pourvoir, ainsi que les critères de sélection pertinents.

Diffuser l'annonce de recrutement : cela peut se faire via des plateformes de recrutement en ligne, des réseaux sociaux, ou encore par le biais de contacts professionnels.

Évaluer les candidatures : il est important de trier les candidatures et de sélectionner celles qui correspondent le mieux aux besoins et aux critères de sélection. Cela peut se faire à travers une première lecture des CV, des entretiens téléphoniques ou des tests de compétences.

Mener des entretiens d'embauche : les entretiens permettent de mieux connaître les candidats, d'évaluer leur expérience et leurs compétences, et de déterminer s'ils correspondent à la culture de l'entreprise.

Vérifier les références : il est important de contacter les références des candidats pour s'assurer de leur expérience professionnelle et de leurs compétences.

Faire une proposition d'embauche : si le candidat sélectionné correspond aux critères et aux besoins de l'entreprise, il est temps de faire une proposition d'embauche. Il est important de négocier les conditions de travail et de s'assurer que toutes les parties sont satisfaites avant de finaliser l'embauche.

Accueillir le nouveau collaborateur : une fois l'embauche finalisée, il est important d'accueillir le nouveau collaborateur et de l'intégrer à l'équipe. Cela peut inclure une formation sur les politiques et les procédures de l'entreprise, ainsi que des rencontres avec les membres de l'équipe.

3. Développer les compétences des employés

Le développement des compétences des employés est une étape clé dans la gestion des ressources humaines. Il s'agit de former les employés pour qu'ils soient en mesure de remplir leur rôle de manière efficace et de contribuer au succès de l'entreprise.

Pour développer les compétences des employés

Évaluer les besoins de formation : Avant de commencer à former les employés, il est important d'identifier les compétences qui sont nécessaires pour le poste et les domaines dans lesquels les employés doivent être formés.

Élaborer un plan de formation : Une fois que vous avez identifié les compétences nécessaires, vous pouvez élaborer un plan de formation qui détaille les différentes formations qui doivent être dispensées et qui établit un calendrier pour chaque formation.

Dispenser la formation : La formation peut être dispensée sous différentes formes, y compris des sessions en classe, des formations en ligne, des programmes de mentorat, etc. Il est important de choisir le mode de formation qui convient le mieux à chaque employé et à chaque compétence.

Évaluer les résultats : Après chaque formation, il est important d'évaluer les résultats pour s'assurer que les employés ont acquis les compétences nécessaires. Il est également important de surveiller l'application des compétences sur le lieu de travail et de fournir un suivi pour garantir que les compétences acquises sont utilisées efficacement.

Favoriser la culture de la formation continue : La formation doit être un processus continu pour permettre aux employés d'acquérir de nouvelles compétences et de les maintenir à jour. Il est important de favoriser une culture de la formation continue en encourageant les employés à continuer à apprendre et en offrant des opportunités de formation régulières.

4. Évaluer la performance

L'évaluation de la performance des employés est une étape importante de la gestion des ressources humaines. Elle permet de mesurer l'efficacité des employés dans leur travail et de déterminer les domaines dans lesquels des améliorations peuvent être apportées.

Voici quelques étapes clés pour évaluer la performance des employés

Définir les critères d'évaluation : Il est important de définir les critères d'évaluation en fonction des objectifs de l'entreprise et des compétences requises pour le poste occupé par l'employé.

Planifier les évaluations : Les évaluations peuvent être planifiées annuellement, semestriellement ou trimestriellement en fonction des besoins de l'entreprise.

Collecter des données : Les données peuvent être collectées à partir de différents outils tels que des entretiens individuels, des évaluations à 360 degrés, des feedbacks des clients ou des collègues, des indicateurs de performance, etc.

Analyser les données : Les données collectées doivent être analysées pour déterminer les domaines de force et les domaines d'amélioration de l'employé.

Fournir des feedbacks constructifs : Les feedbacks doivent être fournis de manière constructive en mettant en avant les points forts de l'employé et en identifiant les domaines dans lesquels il/elle peut s'améliorer.

Établir des plans d'action : Les plans d'action doivent être élaborés pour aider les employés à développer leurs compétences et à améliorer leur performance.

Suivre les progrès : Les progrès des employés doivent être suivis de manière régulière et les plans d'action doivent être révisés en fonction des résultats obtenus.

En suivant ces étapes, il est possible d'évaluer la performance des employés de manière efficace et d'identifier les domaines dans lesquels ils peuvent s'améliorer pour contribuer au succès de l'entreprise.

5. Assurer le bien-être au travail

Assurer le bien-être au travail est une tâche importante pour la gestion des ressources humaines. Il est important de créer un environnement de travail sain et agréable pour les employés, afin de garantir leur motivation et leur productivité.

Des actions que les entreprises peuvent entreprendre pour améliorer le bien-être au travail

Offrir des avantages sociaux tels que des régimes de retraite, des programmes d'assurance maladie, des congés payés, des jours de congé pour raisons familiales, etc.

Favoriser une culture d'entreprise positive qui encourage l'équilibre entre vie professionnelle et vie privée, la collaboration, la reconnaissance des employés, la diversité et l'inclusion.

Offrir des formations professionnelles et des opportunités de développement personnel aux employés.

Encourager la participation des employés à des activités de bien-être telles que des programmes de santé et de fitness, des sessions de méditation, des ateliers de gestion du stress, etc.

Créer un environnement de travail sûr et sain en respectant les normes de santé et de sécurité au travail.

Favoriser une communication ouverte et honnête avec les employés, en encourageant la rétroaction et la transparence.

Favoriser un équilibre entre le temps de travail et les temps de repos pour éviter le surmenage et le stress.

En mettant en place ces actions, les entreprises peuvent créer un environnement de travail sain et motivant pour les employés, ce qui peut conduire à une plus grande satisfaction au travail, une meilleure productivité et une plus grande fidélité des employés.

6. Respecter les lois du travail

Respecter les lois du travail est une étape importante pour la gestion des ressources humaines. Cela permet de garantir une relation de travail saine et légale entre l'employeur et les employés.

Des principales lois du travail à respecter en France

Le Code du travail : c'est la principale source de droit du travail en France. Il regroupe l'ensemble des dispositions légales relatives aux relations entre employeurs et salariés, notamment en matière de contrat de travail, de durée du travail, de salaire, de congés payés, de santé et sécurité au travail, de licenciement, etc.

La convention collective : c'est un accord collectif négocié entre les organisations patronales et syndicales d'un secteur d'activité donné. Elle précise les conditions de travail applicables aux salariés de l'entreprise, en complément du Code du travail.

Le Smic : c'est le salaire minimum interprofessionnel de croissance. Il est fixé par l'Etat chaque année en fonction de l'inflation et de la conjoncture économique.

Les congés payés : chaque salarié a droit à un minimum de 5 semaines de congés payés par an. Les modalités d'attribution et de prise des congés sont précisées dans le Code du travail.

Les heures supplémentaires : elles sont encadrées par le Code du travail et doivent être rémunérées à un taux majoré.

La durée du travail : elle est encadrée par le Code du travail et ne doit pas dépasser 35 heures par semaine (sauf dérogation).

La protection sociale : les employeurs doivent s'acquitter de cotisations sociales pour couvrir les risques maladie, accident du travail, retraite, chômage, etc. de leurs salariés.

Il est important de se tenir informé des évolutions de la législation du travail afin de pouvoir adapter ses pratiques RH en conséquence et éviter tout risque de litige avec les employés.

7. Gérer les conflits

La gestion des conflits est un élément essentiel de la gestion des ressources humaines.

Étapes à suivre pour gérer efficacement les conflits

Identifier le conflit : Il est important d'identifier rapidement tout conflit qui pourrait survenir entre les employés ou avec un supérieur hiérarchique, afin de le traiter avant qu'il ne s'aggrave.

Écouter les parties prenantes : Il est important d'écouter attentivement toutes les parties prenantes et de comprendre leur point de vue. Il est également important de montrer de l'empathie et de la compassion pour leurs préoccupations.

Évaluer les options : Une fois que toutes les parties prenantes ont été entendues, il est temps d'évaluer les options disponibles pour résoudre le conflit. Les options peuvent inclure la médiation, la négociation, la mise en place de politiques ou de procédures, ou toute autre solution appropriée.

Choisir la meilleure solution : Après avoir évalué les options, il est important de choisir la solution la plus appropriée pour résoudre le conflit. Cette solution doit être équitable et respecter les droits de toutes les parties prenantes.

Mettre en place la solution : Une fois que la solution a été choisie, il est important de la mettre en place rapidement et efficacement. Il est également important de surveiller la situation pour s'assurer que la solution fonctionne et que le conflit est résolu de manière permanente.

Prévenir les conflits futurs : Il est important de mettre en place des politiques et des procédures pour prévenir les conflits futurs. Cela peut inclure la formation des employés sur la résolution des conflits, la communication efficace et la mise en place de politiques claires pour la résolution des conflits.

En résumé, la gestion des conflits nécessite de l'empathie, de la communication et de la réflexion stratégique pour résoudre efficacement les problèmes et prévenir les conflits futurs.

Chapitre VII. Établir des devis et des factures pour l'entreprise individuelle

L'établissement de devis et de factures est une étape importante dans la gestion d'une entreprise individuelle.

Étapes à suivre :

A. Établir un devis

Le devis permet de donner une estimation du coût de la prestation ou du produit que l'on propose à un client potentiel.

Il doit comporter les éléments suivants

1. La nature de la prestation ou du produit

La nature de la prestation ou du produit se réfère aux caractéristiques intrinsèques de ce qui est proposé par l'entreprise à ses clients. Cela peut inclure les fonctionnalités, les avantages, les performances, les spécifications techniques, le design, l'expérience utilisateur, etc.

La nature de la prestation ou du produit est un élément clé de la proposition de valeur de l'entreprise, qui doit être alignée sur les besoins et les attentes des clients. Une bonne compréhension de la nature de la prestation ou du produit permet à l'entreprise de concevoir des offres adaptées, de se différencier de la concurrence et de fidéliser les clients.

2. Le prix unitaire

Le prix unitaire correspond au prix d'un seul produit ou d'une seule unité de prestation de service. Il est souvent utilisé pour calculer le coût total d'une commande en multipliant le prix unitaire par le nombre d'unités commandées. Le prix unitaire peut être fixe ou varier en fonction de différents facteurs tels que le volume de commande, les coûts de production ou la concurrence sur le marché. Il est important pour les entreprises de déterminer un prix unitaire compétitif tout en assurant la rentabilité de leurs activités.

3. La quantité

La quantité fait référence au nombre d'unités de produits ou de services fournis. C'est une mesure importante dans la gestion des ventes car elle permet de déterminer le volume total de ventes réalisé et le chiffre d'affaires généré. La quantité peut être exprimée en termes d'unités de mesure spécifiques, telles que les pièces, les litres, les mètres, les heures, etc. Elle est souvent utilisée en combinaison avec le prix unitaire pour calculer le montant total des ventes et des revenus. En outre, la quantité est également un indicateur clé pour mesurer l'efficacité des processus de production et de livraison.

4. Le montant total hors taxes

Le montant total hors taxes correspond à la multiplication du prix unitaire par la quantité commandée. C'est le montant que le client devra payer pour obtenir la quantité de produits ou services demandés, sans prendre en compte les taxes. Il est important de bien calculer le montant total hors taxes pour éviter toute erreur de facturation et pour permettre une gestion précise de la trésorerie de l'entreprise.

5. Le taux de TVA applicable

Le taux de TVA applicable dépend du type de produit ou service vendu et peut varier selon les pays. En France, par exemple, il existe trois taux de TVA principaux : le taux normal de 20%, le taux réduit de 10% et le taux super réduit de 2,1%. Les produits et services soumis au taux normal incluent notamment les biens de consommation courante, les services à la personne et les services liés au tourisme.

Les produits soumis au taux réduit incluent principalement les produits alimentaires de base, les travaux de rénovation énergétique et les livres.

Enfin, le taux super réduit est réservé à certains produits tels que les médicaments remboursables par la sécurité sociale et les produits destinés à l'alimentation des nourrissons. Il est important de bien connaître le taux de TVA applicable pour établir une facture conforme à la législation en vigueur.

6. Le montant total TTC

Le montant total TTC (toutes taxes comprises) correspond au montant total de la prestation ou du produit incluant le taux de TVA applicable. Pour le calculer, il suffit d'ajouter le montant total hors taxes et le montant de la TVA.

Montant total TTC = Montant total hors taxes + Montant de la TVA

Le taux de TVA applicable dépend du type de produit ou de service proposé. En France, il existe différents taux de TVA : le taux normal de 20%, le taux intermédiaire de 10% et le taux réduit de 5,5% ou 2,1%. Le taux de TVA à appliquer dépend de la nature de la prestation ou du produit vendu.

Il est important de bien calculer le montant total TTC pour éviter toute erreur de facturation ou de paiement.

7. Les modalités de paiement

Les modalités de paiement se réfèrent aux options de paiement disponibles pour l'acheteur. Elles peuvent inclure le paiement en espèces, par chèque, par virement bancaire, par carte de crédit ou encore par paiement mobile. Les modalités de paiement doivent être définies clairement et explicitement dans les termes de la vente ou dans les conditions générales de vente de l'entreprise. Cela peut inclure des informations telles que les délais de paiement acceptables, les conditions de remboursement et les pénalités en cas de paiement tardif. Les entreprises peuvent également proposer des options de paiement flexibles pour les clients fidèles ou pour les grosses commandes, telles que des plans de paiement échelonnés ou des programmes de financement. Il est important pour les entreprises de bien communiquer les modalités de paiement à leurs clients afin d'éviter les malentendus et les retards de paiement.

B. Envoyer le devis

Effectivement, une fois que le devis est établi, il doit être envoyé au client potentiel. Selon les habitudes de l'entreprise et les préférences du client, cela peut se faire par voie électronique (e-mail, messagerie instantanée, plateforme de devis en ligne, etc.) ou par voie postale (lettre recommandée avec accusé de réception, par exemple). Il est important de s'assurer que le devis parvient au client dans les meilleurs délais afin qu'il puisse prendre une décision éclairée concernant la poursuite ou non de la prestation ou de l'achat du produit proposé.

Une fois que le devis est prêt, il doit être envoyé au client potentiel. Plusieurs options s'offrent à vous pour envoyer le devis, selon les préférences de votre client et les moyens dont vous disposez.

1. Envoyer le devis par email

cette méthode est souvent la plus rapide et la plus pratique, car vous pouvez envoyer le devis en quelques clics. Vous pouvez envoyer le devis en tant que fichier attaché à l'email, ou bien intégrer le devis directement dans le corps de l'email. Veillez à bien préciser dans l'email que le document joint est un devis, en indiquant le montant total TTC et les modalités de paiement.

2. Envoyer le devis par courrier

Cette méthode est plus formelle et peut être utilisée si votre client préfère recevoir des documents papier.

Vous pouvez envoyer le devis par courrier postal, en recommandé avec accusé de réception pour plus de sécurité. Dans tous les cas, il est important de préciser sur le devis les modalités de paiement, ainsi que l'adresse à laquelle le client doit renvoyer le devis signé.

3. Envoyer le devis par fax

Cette méthode est moins courante aujourd'hui, mais elle peut encore être utilisée si votre client n'a pas accès à un ordinateur ou à Internet.

Envoyez le devis par fax en prenant soin de préciser les modalités de paiement et l'adresse à laquelle le client doit renvoyer le devis signé.

Quelle que soit la méthode choisie, il est important de faire preuve de professionnalisme dans l'envoi du devis.

Assurez-vous que toutes les informations nécessaires sont bien précisées sur le devis, et n'hésitez pas à inclure des informations complémentaires telles que des conditions générales de vente ou des détails sur les garanties offertes.

Cela aidera à renforcer la confiance du client et à favoriser la conclusion d'une vente réussie.

C. Obtenir l'accord du client

l'accord du client est nécessaire avant de débuter la prestation ou la livraison du produit. Pour cela, il est important de mettre en place un processus clair pour obtenir cet accord.

Tout d'abord, il est important de s'assurer que le devis est clair et compréhensible pour le client.

Il doit comporter toutes les informations nécessaires (nature de la prestation ou du produit, prix unitaire, quantité, montant total hors taxes, taux de TVA applicable, montant total TTC, modalités de paiement, etc.) et être présenté de manière professionnelle.

Ensuite, le devis peut être envoyé au client par voie électronique ou postale. Il est important de préciser une date limite pour l'accord du client afin de pouvoir planifier la prestation ou la livraison du produit en conséquence.

Une fois le devis envoyé, il est important de rester en contact avec le client pour répondre à d'éventuelles questions ou clarifications.

Il peut être judicieux de relancer le client avant la date limite pour s'assurer qu'il a bien reçu le devis et qu'il est en mesure de donner son accord.

Une fois que le devis est envoyé, le client a la possibilité de l'accepter, de le refuser ou de demander des modifications.

Si le client accepte le devis tel qu'il est, il peut confirmer son accord par écrit ou par voie électronique en signant le devis ou en envoyant un e-mail ou un message indiquant son accord.

Si le client n'est pas entièrement satisfait du devis, il peut demander des modifications ou des ajustements. Dans ce cas, il est important de discuter avec le client pour comprendre ses besoins et trouver des solutions qui conviennent à toutes les parties.

Une fois que le client a donné son accord final sur le devis, il est important de confirmer cet accord **par écrit ou par voie électronique**. Cela permet d'éviter toute confusion ou malentendu par la suite.

Cette confirmation peut prendre la forme d'un e-mail ou d'une lettre indiquant que le devis a été accepté et que la prestation ou la livraison du produit peut commencer.

Il est également important de vérifier que toutes les informations fournies par le client sont exactes et à jour, comme les coordonnées de facturation et de livraison, les délais de livraison, les quantités de produits commandées, etc. Cela permet d'éviter des erreurs ou des retards dans la prestation de services ou la livraison de produits.

Il est important de garder une copie du devis accepté ainsi que de toutes les communications avec le client pour référence future.

Enfin, une fois l'accord obtenu, il est possible de débuter la prestation ou la livraison du produit en respectant les modalités et les délais indiqués dans le devis.

D. Établir une facture

L'établissement d'une facture est une étape importante dans le processus de vente, car elle formalise l'accord entre le vendeur et l'acheteur et permet de déclencher le paiement.

Les principales étapes pour établir une facture

1. Les informations du vendeur

Les informations du vendeur sont les éléments qui permettent d'identifier clairement l'entreprise qui émet la facture.

Ces informations sont les suivantes

Le nom de l'entreprise : il doit figurer en haut de la facture et correspondre au nom commercial sous lequel l'entreprise est enregistrée.

L'adresse de l'entreprise : il s'agit de l'adresse physique du siège social de l'entreprise.

Le numéro de téléphone : il permet au client de contacter l'entreprise en cas de besoin.

L'adresse e-mail : elle est de plus en plus utilisée pour les échanges entre les entreprises et les clients.

Le numéro SIRET : il est composé de 14 chiffres et permet d'identifier de manière unique chaque entreprise.

Le code APE : il est composé de 4 chiffres et permet de classer l'entreprise dans une catégorie d'activités économiques.

Le numéro de TVA intracommunautaire : il est attribué aux entreprises qui réalisent des échanges commerciaux avec d'autres pays de l'Union européenne.

Ces informations doivent être clairement indiquées sur la facture afin que le client puisse facilement identifier le vendeur.

2. Les informations de l'acheteur

Les informations de l'acheteur qui doivent figurer sur la facture sont les suivantes :

Nom et prénom ou raison sociale

Adresse de facturation

Numéro de téléphone

Adresse e-mail

Numéro d'identification (numéro de TVA intracommunautaire pour les entreprises assujetties à la TVA)

Numéro de SIRET (pour les entreprises enregistrées en France)

Code APE/NAF (pour les entreprises enregistrées en France)

Il est important de s'assurer que les informations de l'acheteur sont correctes et à jour, car cela permettra de faciliter la comptabilité et la gestion des paiements.

3. La date d'émission de la facture

La date d'émission de la facture correspond à la date à laquelle la facture est émise par le vendeur. Elle doit être clairement indiquée sur la facture pour permettre à l'acheteur de connaître la date à laquelle il doit payer la facture. En général, la date d'émission de la facture est la même que la date à laquelle la prestation de service ou la livraison du produit a été effectuée.

Toutefois, dans certains cas, la facture peut être émise à une date ultérieure, par exemple en cas de paiement différé convenu entre les parties.

Il est important de noter que la date d'émission de la facture est prise en compte pour la détermination du délai de paiement.

4. Le numéro de la facture

Le numéro de la facture est un élément important qui doit figurer sur la facture. Il permet d'identifier de manière unique chaque facture émise par le vendeur. Le numéro de facture doit être séquentiel et chronologique, c'est-à-dire qu'il doit être attribué de manière à ce que chaque facture ait un numéro différent des autres factures et que les numéros soient attribués dans l'ordre chronologique de leur émission.

Le numéro de facture doit être mentionné sur la facture pour permettre à l'acheteur de l'identifier facilement et pour faciliter la gestion comptable du vendeur.

5. La description de la prestation ou du produit vendu

La description de la prestation ou du produit vendu doit être claire et détaillée afin que le client puisse facilement comprendre ce qu'il a acheté. Elle doit inclure des informations telles que le nom ou la référence du produit ou de la prestation, sa quantité, son prix unitaire hors taxes, le taux de TVA applicable et le montant total hors taxes de la prestation ou du produit. Si la prestation ou le produit est vendu en plusieurs fois, chaque étape doit être détaillée dans la facture.

6. Le montant total hors taxes

Le montant total hors taxes correspond au prix total de la prestation ou du produit vendu, sans inclure la taxe sur la valeur ajoutée (**TVA**). Il est important de le mentionner sur la facture, car c'est le montant qui servira de base pour le calcul de la TVA et du montant total toutes taxes comprises (**TTC**).

7. Le taux de TVA applicable

Le taux de TVA applicable correspond au pourcentage de la taxe sur la valeur ajoutée que le vendeur doit appliquer sur la vente. Ce taux peut varier en fonction de la nature du produit ou de la prestation vendue. En France, par exemple, il existe plusieurs taux de TVA différents : le taux normal de **20%**, le taux intermédiaire de **10%** et le taux réduit de **5,5%** pour certaines activités spécifiques. Il est important d'indiquer clairement le taux de TVA applicable sur la facture, ainsi que le montant correspondant de cette taxe.

8. Le montant total TTC

Le montant total TTC correspond au montant total toutes taxes comprises de la facture, c'est-à-dire le montant à payer par l'acheteur, incluant la TVA. Pour calculer le montant total TTC, il suffit d'ajouter le montant total hors taxes à la TVA correspondante. Par exemple, si le montant total hors taxes est de 1000 euros et que le taux de TVA est de 20%, le montant total TTC sera de **1200 euros (1000 euros + 20%** de TVA soit 200 euros). Le montant total TTC doit être clairement indiqué sur la facture.

9. Les modalités de paiement

Les modalités de paiement indiquent les conditions dans lesquelles le client doit effectuer le paiement. Elles comprennent généralement le délai de paiement, le mode de paiement, les éventuelles pénalités en cas de retard de paiement et les coordonnées bancaires du vendeur.

Le délai de paiement est la durée pendant laquelle le client doit effectuer le paiement. Il est souvent exprimé en jours ou en mois. Le mode de paiement peut être le virement bancaire, le chèque, le prélèvement automatique, la carte de crédit, ou tout autre moyen de paiement accepté par le vendeur.

Les pénalités en cas de retard de paiement peuvent être des intérêts de retard ou des frais de recouvrement. Les intérêts de retard sont calculés sur la base d'un taux d'intérêt légal en vigueur et sont généralement applicables en cas de retard de paiement au-delà du délai de paiement convenu. Les frais de recouvrement peuvent être facturés si le vendeur engage des frais pour recouvrer la créance impayée, tels que les frais d'avocat ou de recouvrement.

Enfin, les coordonnées bancaires du vendeur comprennent le nom de la banque, l'IBAN et le BIC. Ces informations permettent au client de procéder au paiement par virement bancaire.

Une fois la facture établie, il est important de l'envoyer au client dans les meilleurs délais, de manière à déclencher le paiement rapidement.

E. Envoyer la facture

Une fois la facture établie, il est important de l'envoyer au client dans les plus brefs délais. Cela peut se faire par voie électronique ou postale, en fonction des modalités de communication convenues avec le client.

Il est également possible de proposer des modes de paiement en ligne pour faciliter le règlement de la facture.

Il est recommandé de conserver une copie de chaque facture émise, ainsi que les preuves de paiement correspondantes. Cela permettra de suivre les paiements et de s'assurer que toutes les factures ont été réglées dans les délais impartis.

Il est également important de mettre en place un système de relance en cas de non-paiement ou de retard de paiement.

Cela peut inclure l'envoi d'un rappel par courrier électronique ou postal, ainsi que la mise en place d'un processus de recouvrement si nécessaire.

Enfin, il est recommandé de tenir un registre des factures émises et des paiements reçus, afin de pouvoir suivre facilement les finances de l'entreprise et de préparer les déclarations fiscales et comptables nécessaires.

Chers amis lecteurs,

Merci d'avoir pris le temps de lire mon livre. Votre soutien et vos retours sont précieux. Si vous avez trouvé ce livre utile, je vous encourage à laisser un commentaire sur la page du produit où vous l'avez acheté. Votre avis peut aider d'autres personnes et faire connaître ce livre à un plus large public.

Merci de tout cœur,

Kpindotchin Cléopâtre Ouattara

academiecreateurs@gmail.com

Si vous avez des avis à me transmettre sur le sujet ou sur certains éléments du livre, n'hésitez pas à m'écrire à cette adresse email.

Vos retours pourront contribuer à diffuser le maximum d'informations.

Chapitre VIII. Se développer et pérenniser l'entreprise individuelle

A. Développer l'activité de l'entreprise individuelle

Quelques pistes :

1. Se faire connaître

Pour développer l'activité de son entreprise individuelle, il est important de se faire connaître auprès de sa clientèle potentielle. Voici quelques actions à mettre en place

Créer un site internet : avoir un site internet est indispensable de nos jours pour se faire connaître. Il permet d'expliquer son offre, de présenter son entreprise, de partager des témoignages de clients satisfaits, etc.

Créer des comptes sur les réseaux sociaux : en fonction de son activité et de sa cible, il peut être judicieux de créer des comptes sur les réseaux sociaux (Facebook, Instagram, LinkedIn, etc.) pour toucher un public plus large et partager du contenu.

Participer à des événements : participer à des salons, des foires, des événements professionnels permet de rencontrer sa clientèle potentielle et de présenter son offre.

Utiliser le marketing direct : le marketing direct consiste à envoyer des courriers, des emails, des SMS ou des appels téléphoniques à sa clientèle potentielle pour leur présenter son offre.

Utiliser le bouche-à-oreille : le bouche-à-oreille est un excellent moyen de se faire connaître. Il est important de satisfaire ses clients pour qu'ils parlent de son entreprise autour d'eux.

Faire du référencement : le référencement naturel (SEO) permet d'apparaître en haut des résultats de recherche de Google et de toucher une audience qualifiée. Il est important d'optimiser son site internet et de créer du contenu de qualité pour améliorer son référencement.

Il est important de choisir les actions qui correspondent le mieux à son activité et à sa clientèle potentielle.

2. Élargir son offre

Pour élargir son offre, l'entrepreneur individuel peut explorer plusieurs options:

Diversifier ses produits ou services : Il peut envisager de proposer des produits ou services complémentaires à son offre actuelle. Par exemple, un traiteur peut élargir son offre en proposant des prestations pour des événements professionnels ou en proposant des formules de livraison à domicile.

Innover : L'innovation peut être un moyen efficace de se démarquer de la concurrence. L'entrepreneur individuel peut investir dans la recherche et le développement pour proposer des produits ou services innovants. Par exemple, un artisan bijoutier peut innover en proposant des bijoux écologiques.

Se spécialiser : L'entrepreneur individuel peut choisir de se spécialiser dans un domaine particulier et devenir expert dans ce domaine. Cela peut lui permettre de se différencier de ses concurrents et d'attirer une clientèle spécifique. Par exemple, un photographe peut se spécialiser dans la photographie de mariage ou de nouveaux-nés.

Élargir son marché : L'entrepreneur individuel peut envisager de proposer ses produits ou services à de nouveaux marchés. Par exemple, un designer de mode qui se spécialise dans la création de vêtements pour femmes peut décider d'étendre son marché en proposant des vêtements pour hommes.

Se développer à l'international : Si l'entrepreneur individuel dispose des ressources nécessaires, il peut envisager de se développer à l'international en exportant ses produits ou services dans d'autres pays. Cela peut lui permettre d'augmenter sa visibilité et de diversifier sa clientèle.

3. Fidéliser les clients existants

Fidéliser les clients existants est un élément clé pour pérenniser une entreprise individuelle.

Voici quelques actions qui peuvent aider à fidéliser les clients

Offrir un service client de qualité : les clients sont plus susceptibles de revenir s'ils ont eu une expérience positive avec l'entreprise. Il est donc important de traiter les clients avec respect, de répondre rapidement à leurs demandes et de résoudre leurs problèmes le plus rapidement possible.

Récompenser la fidélité : proposer des programmes de fidélité ou des avantages exclusifs aux clients réguliers peut les inciter à revenir et à recommander l'entreprise à leur entourage.

Communiquer régulièrement avec les clients : envoyer des newsletters, des offres promotionnelles ou des rappels de rendez-vous par exemple peut aider à maintenir un lien avec les clients et à les fidéliser.

Être à l'écoute des clients : recueillir les feedbacks des clients permet de mieux comprendre leurs besoins et d'adapter l'offre de l'entreprise en conséquence.

Offrir un produit ou service de qualité : la qualité des produits ou services proposés est également un élément clé de la fidélisation des clients. Il est donc important de maintenir des standards de qualité élevés et de chercher en permanence à améliorer l'offre.

4. Se différencier de la concurrence

Pour se différencier de la concurrence, il est important pour une entreprise individuelle de trouver son positionnement unique sur le marché.

Quelques pistes pour y parvenir

Identifier les besoins et les attentes de ses clients et proposer des solutions sur-mesure adaptées à leurs besoins spécifiques.

Proposer des produits ou services de haute qualité ou à haute valeur ajoutée, en offrant une expérience client exceptionnelle.

Mettre en avant ses atouts distinctifs, tels que son expertise, sa créativité, son savoir-faire, sa rapidité d'exécution, sa flexibilité, etc.

Innover en permanence en créant de nouveaux produits ou services, en proposant de nouveaux usages ou de nouveaux modes de livraison, etc.

Mettre en place une stratégie de communication originale et pertinente pour se démarquer de la concurrence et attirer de nouveaux clients.

5. Collaborer avec d'autres entreprises

Collaborer avec d'autres entreprises peut être un moyen efficace pour une entreprise individuelle de se développer et d'élargir son réseau de clients et de partenaires.

Exemples de collaborations possibles

Partenariat commercial : une entreprise individuelle peut s'associer avec une autre entreprise pour promouvoir mutuellement leurs produits ou services. Par exemple, une entreprise qui vend des bijoux pourrait s'associer avec une entreprise qui vend des vêtements pour organiser un événement de mode.

Co-branding : il s'agit d'une collaboration entre deux marques pour créer un produit ou un service commun. Par exemple, une entreprise de chocolat pourrait s'associer avec une entreprise de café pour créer une gamme de produits chocolat-café.

Sous-traitance : une entreprise individuelle peut sous-traiter certaines tâches à d'autres entreprises ou travailleurs indépendants pour gagner du temps et des ressources. Par exemple, une entreprise de développement de sites web peut sous-traiter la conception graphique à un designer indépendant.

Réseautage : participer à des événements professionnels et à des réseaux d'entrepreneurs peut aider à rencontrer des partenaires potentiels et à développer des relations d'affaires à long terme.

Franchise : une entreprise individuelle peut envisager de devenir une franchise, ce qui permet d'utiliser le nom, le logo et le savoir-faire d'une entreprise établie pour lancer sa propre entreprise. Cela peut être particulièrement utile pour les entreprises qui souhaitent se développer rapidement dans un secteur spécifique.

6. Améliorer la productivité

Pour améliorer la productivité d'une entreprise individuelle, voici quelques pistes à explorer

Identifier les tâches les plus chronophages et les moins rentables pour les optimiser, voire les externaliser si possible.

Utiliser des outils numériques pour automatiser certaines tâches répétitives, telles que la facturation ou le suivi des stocks.

Mettre en place des processus clairs et efficaces pour éviter les pertes de temps inutiles.

Former les employés pour qu'ils soient plus productifs et autonomes dans leur travail.

Suivre les indicateurs de performance de l'entreprise pour repérer les goulots d'étranglement et les pistes d'amélioration.

Éviter la surcharge de travail en planifiant les activités à l'avance et en priorisant les tâches importantes.

Encourager la communication entre les employés pour faciliter le partage d'informations et éviter les redondances.

Mettre en place des objectifs clairs et motivants pour l'ensemble de l'équipe, afin d'augmenter l'engagement et la productivité.

7. Investir dans la formation

Investir dans la formation est un moyen important pour améliorer la compétence et l'efficacité des employés, et donc la productivité globale de l'entreprise individuelle.

Voici quelques étapes à suivre pour investir dans la formation

Identifier les besoins de formation : déterminez les compétences et les connaissances qui sont nécessaires pour améliorer les performances et la productivité de votre entreprise individuelle. Vous pouvez effectuer une analyse des compétences pour identifier les compétences qui sont actuellement présentes et celles qui doivent être améliorées.

Élaborer un plan de formation : une fois que vous avez identifié les besoins de formation, créez un plan de formation qui décrit les objectifs de formation, les méthodes et les outils de formation, les coûts, les horaires et les résultats attendus.

Mettre en œuvre la formation : organisez et exécutez les activités de formation selon le plan établi. Vous pouvez dispenser des formations en interne ou faire appel à des formateurs externes pour dispenser des formations spécifiques.

Évaluer l'efficacité de la formation : après la formation, évaluez l'efficacité de la formation en mesurant les résultats de la formation sur les compétences et les performances des employés. Vous pouvez utiliser des outils tels que des enquêtes auprès des employés, des tests de connaissances et des évaluations de performances pour mesurer l'impact de la formation.

En investissant dans la formation, vous pouvez améliorer la productivité, réduire les coûts, stimuler l'innovation et augmenter la satisfaction des employés.

8. Se développer à l'international

Se développer à l'international peut offrir de nombreuses opportunités pour les entreprises individuelles. Cela peut leur permettre d'accéder à de nouveaux marchés, de diversifier leur clientèle, d'élargir leur offre et de bénéficier d'économies d'échelle.

Étapes clés pour se développer à l'international

Évaluer les opportunités : Avant de se lancer à l'international, il est important de réaliser une étude de marché pour évaluer les opportunités et les risques liés à l'exportation. Il convient également de vérifier les règles et les réglementations qui s'appliquent dans le pays ciblé.

Définir une stratégie : Il est important de définir une stratégie claire pour l'exportation. Cela peut inclure le choix des pays cibles, le développement de nouveaux produits adaptés aux marchés locaux, la recherche de partenaires locaux et la mise en place d'une stratégie de marketing internationale.

Trouver des partenaires locaux : Pour réussir sur les marchés étrangers, il est souvent nécessaire de trouver des partenaires locaux. Cela peut inclure des distributeurs, des agents commerciaux, des représentants commerciaux ou des franchisés.

S'adapter aux différences culturelles : Les entreprises individuelles doivent être en mesure de s'adapter aux différences culturelles et aux attentes des clients étrangers. Cela peut inclure des ajustements à la fois dans les produits et dans les pratiques commerciales.

Gérer les risques : L'exportation comporte des risques, notamment des risques financiers, politiques et réglementaires. Il est donc important de mettre en place des mesures pour les gérer, comme l'assurance-crédit et la diversification des marchés.

Se conformer aux règles douanières : L'exportation implique souvent des formalités douanières et réglementaires. Il est donc important de s'assurer que toutes les exigences sont remplies pour éviter les problèmes et les sanctions.

Trouver des financements : L'exportation peut nécessiter des investissements importants, notamment pour la recherche et développement, la production, la logistique et le marketing. Il est donc important de trouver des sources de financement appropriées, comme des subventions gouvernementales, des prêts commerciaux ou des partenariats d'investissement.

B. Fidéliser la clientèle

Fidéliser la clientèle est un enjeu crucial pour toute entreprise. En effet, la fidélisation des clients permet de garantir un chiffre d'affaires régulier, de réduire les coûts liés à la prospection et de renforcer la réputation de l'entreprise.

Stratégies pour fidéliser la clientèle

1. Offrir un service de qualité

Pour fidéliser sa clientèle, il est important d'offrir un service de qualité.

Quelques actions concrètes qui peuvent y contribuer

Écouter attentivement les besoins des clients : Les clients aiment se sentir écoutés et compris. Il est donc important de prendre le temps de l'écouter et de comprendre leurs besoins afin de leur offrir le meilleur service possible.

Offrir des produits ou services de qualité : Les clients s'attendent à ce que les produits ou services qu'ils achètent soient de qualité. Il est donc important de s'assurer que les produits ou services offerts répondent aux attentes des clients.

Être réactif : Les clients apprécient les entreprises qui sont réactives à leurs demandes et qui sont en mesure de résoudre rapidement les problèmes qui surviennent.

Offrir un service après-vente de qualité : Le service après-vente est un aspect important de la relation client. Les clients apprécient les entreprises qui sont en mesure de répondre rapidement à leurs questions et qui sont en mesure de résoudre rapidement les problèmes qui surviennent après l'achat.

Personnaliser le service : Les clients apprécient les entreprises qui sont en mesure de personnaliser le service en fonction de leurs besoins. Il est donc important de prendre le temps de comprendre les besoins de chaque client et de leur offrir un service personnalisé.

Communiquer régulièrement avec les clients : Il est important de communiquer régulièrement avec les clients pour les tenir informés des nouveautés, des promotions et des événements à venir.

En offrant un service de qualité, les clients seront plus enclins à revenir et à recommander l'entreprise à leur entourage.

2. Récompenser la fidélité

Récompenser la fidélité de la clientèle est un moyen important pour fidéliser les clients existants.

Quelques façons de récompenser la fidélité des clients

Programmes de fidélité : les programmes de fidélité sont une excellente façon de récompenser les clients fidèles. Les clients peuvent accumuler des points ou des récompenses pour chaque achat et les échanger contre des produits, des services ou des avantages exclusifs.

Offres spéciales : offrir des offres spéciales exclusives aux clients fidèles est un excellent moyen de les remercier de leur fidélité. Cela peut inclure des rabais, des promotions ou des offres spéciales réservées aux clients fidèles.

Cadeaux : offrir des cadeaux gratuits aux clients fidèles est une excellente façon de les remercier de leur fidélité. Les cadeaux peuvent être de petits articles promotionnels, des échantillons de produits ou même des produits gratuits.

Services de conciergerie : offrir des services de conciergerie exclusifs aux clients fidèles, tels que des réservations de voyage ou de restaurant, des billets de spectacle ou des services de voiturier, est un excellent moyen de les remercier de leur fidélité.

Programme de parrainage : mettre en place un programme de parrainage est un excellent moyen de récompenser les clients fidèles tout en attirant de nouveaux clients. Les clients fidèles peuvent recevoir des avantages ou des récompenses spéciales s'ils parrainent de nouveaux clients.

3. Personnaliser les offres

Personnaliser les offres est une stratégie efficace pour fidéliser les clients. Il s'agit de proposer des offres sur mesure, adaptées aux besoins et aux préférences de chaque client. Pour ce faire, il est important de bien connaître ses clients et d'analyser leur comportement d'achat.

Plusieurs options peuvent être mises en place pour personnaliser les offres, par exempl

Proposer des offres promotionnelles ou des réductions ciblées en fonction des achats précédents du client.

Envoyer des offres exclusives et des cadeaux pour les clients fidèles.

Proposer des produits ou des services complémentaires en fonction des préférences du client.

Offrir un service client personnalisé et réactif pour répondre aux besoins spécifiques des clients.

L'objectif de la personnalisation des offres est de renforcer la relation de confiance avec les clients en leur offrant des avantages exclusifs et des solutions adaptées à leurs besoins. Cela peut contribuer à augmenter la satisfaction et la fidélité des clients, ainsi que les revenus de l'entreprise.

4. Communiquer régulièrement

La communication régulière est un élément clé pour fidéliser la clientèle. Il est important de rester en contact avec les clients et de les informer régulièrement des nouveautés, des offres spéciales et des événements en cours.

Il est possible de communiquer avec les clients de différentes manières, par exemple par e-mail, par téléphone, par courrier postal ou en personne. Les réseaux sociaux peuvent également être utilisés pour communiquer avec les clients et les tenir informés des nouvelles offres et des événements.

La fréquence de communication doit être adaptée aux besoins des clients et à leur niveau d'engagement. Les clients fidèles peuvent être contactés plus régulièrement que les nouveaux clients qui ont besoin de plus de temps pour découvrir l'entreprise et ses offres.

Il est également important de personnaliser la communication en fonction des préférences des clients. Certains clients préfèrent les e-mails, d'autres les appels téléphoniques, et certains préfèrent recevoir des courriers postaux. En utilisant les canaux de communication préférés des clients, il est plus facile de maintenir une communication régulière et de renforcer la relation client.

5. Être à l'écoute des clients

l'entreprise doit être à l'écoute des clients et prendre en compte leurs remarques et leurs suggestions.

Cela permet de montrer aux clients que leur opinion est prise en compte et contribue à renforcer la relation de fidélité.
Être à l'écoute des clients est un élément clé pour fidéliser la clientèle. Il est important de recueillir régulièrement leurs commentaires et leurs retours d'expérience afin de comprendre leurs besoins et attentes.

Il est possible de réaliser des enquêtes de satisfaction pour connaître l'avis des clients sur les produits ou services proposés, et pour identifier les points à améliorer. Les réseaux sociaux peuvent également être une source d'information importante pour suivre les avis et les commentaires des clients.

Il est également important de répondre rapidement aux demandes et aux plaintes des clients. Une réponse rapide et satisfaisante peut faire toute la différence et donner une image positive de l'entreprise.

6. Offrir un service après-vente de qualité

Offrir un service après-vente de qualité est une étape essentielle pour fidéliser la clientèle. Cela permet de maintenir un lien de confiance avec les clients et de s'assurer de leur satisfaction.

Pour offrir un service après-vente de qualité, il est important de

Être disponible : le service après-vente doit être facilement joignable, que ce soit par téléphone, email ou chat en ligne. Il est également important de répondre rapidement aux demandes des clients.

Être à l'écoute : les clients doivent sentir que leur problème est pris au sérieux. Il est important de leur poser des questions pour bien comprendre leur situation et leurs besoins.

Être transparent : il est important d'informer les clients sur les étapes à suivre pour résoudre leur problème, et de les tenir informés de l'avancement de leur dossier.

Proposer des solutions : le service après-vente doit être en mesure de proposer des solutions adaptées à chaque client, en fonction de ses besoins et de sa situation.

Faire un suivi : il est important de faire un suivi auprès des clients pour s'assurer que leur problème est bien résolu, et pour recueillir leur feedback sur le service offert.

En offrant un service après-vente de qualité, l'entreprise peut non seulement fidéliser sa clientèle existante, mais également attirer de nouveaux clients grâce à sa réputation et à sa capacité à résoudre les problèmes rapidement et efficacement.

Chapitre IX. Rechercher des financements supplémentaires pour l'entreprise individuelle

A. Les différentes sources de financement

1. Les subventions publiques

Les subventions publiques sont des aides financières octroyées par les pouvoirs publics (Etat, collectivités territoriales, organismes publics) à des entreprises dans le but de soutenir leur activité ou leur projet. Les subventions peuvent prendre différentes formes : subventions d'investissement pour l'acquisition de matériel ou la réalisation de travaux, subventions d'exploitation pour financer les charges courantes, subventions d'études pour la réalisation d'études de marché ou de faisabilité, etc.

Les subventions publiques sont souvent attribuées dans le cadre de politiques publiques visant à soutenir des secteurs d'activité jugés stratégiques ou à favoriser la création d'emplois sur un territoire donné. Les entreprises individuelles peuvent donc être éligibles à ces subventions si elles remplissent certains critères d'éligibilité et si leur projet est jugé pertinent par les autorités publiques.

Cependant, il est important de noter que l'attribution des subventions est souvent soumise à des conditions strictes, telles que la réalisation de certaines obligations en termes d'emplois ou d'investissements, ou la présentation de bilans ou de comptes d'exploitation positifs. Il est donc important de bien se renseigner sur les conditions d'attribution et de respecter les engagements pris vis-à-vis des autorités publiques pour éviter toute sanction.

Il existe différents types de subventions publiques, selon les organismes qui les octroient (État, région, département, commune, etc.) et selon les secteurs d'activité.

Pour bénéficier d'une subvention publique, il est nécessaire de remplir certains critères et de faire une demande auprès de l'organisme concerné. Les demandes peuvent être réalisées en ligne, sur les sites internet des organismes concernés, ou par courrier.

Prenons un exemple : si vous souhaitez créer une entreprise dans le domaine de l'environnement, vous pouvez peut-être bénéficier d'une subvention de l'Agence de l'Environnement et de la Maîtrise de l'Energie (ADEME). Sur le site internet de l'ADEME, vous trouverez les différentes aides et subventions proposées par l'organisme, ainsi que les conditions à remplir pour en bénéficier. Vous pourrez ensuite remplir un formulaire de demande en ligne, en fournissant les informations et les pièces justificatives demandées.

Il est important de bien préparer sa demande de subvention, en présentant de manière claire et précise son projet et ses besoins, ainsi que les avantages qu'il présente pour la collectivité et/ou pour l'environnement. Il est également important de respecter les délais de dépôt des demandes et de fournir toutes les informations et pièces justificatives demandées, pour augmenter ses chances d'obtenir la subvention.

Une fois votre demande soumise, il peut y avoir une période d'évaluation et de sélection où votre dossier sera examiné en détail pour déterminer si votre entreprise et votre projet répondent aux critères d'éligibilité et s'ils sont en ligne avec les objectifs de la subvention. Si votre demande est acceptée, l'organisme vous fournira des instructions pour la suite des démarches.

Les organismes gouvernementaux ou les institutions privées qui offrent des subventions ont des exigences différentes en termes

de formulaire de demande, de documents à fournir et de critères de sélection.

Des éléments que l'on pourrait retrouver dans un dossier de demande de subvention publique

Une présentation de l'entreprise et de ses activités, y compris sa mission, son histoire, ses produits ou services et son marché cible.

Une description du projet pour lequel la subvention est demandée, y compris les objectifs, les résultats attendus, les échéanciers et les ressources nécessaires.

Un prévisionnel financier détaillé pour le projet, y compris les coûts, les revenus, les marges bénéficiaires et les sources de financement.

Une description des retombées potentielles du projet sur l'entreprise, les clients, les employés et la communauté.

Des références, des lettres de soutien ou des attestations de partenariats pour renforcer la crédibilité et la faisabilité du projet.

Pour savoir où et comment faire une demande de subvention, il est conseillé de se renseigner auprès des organismes gouvernementaux, des chambres de commerce et d'industrie, des associations professionnelles et des incubateurs d'entreprises pour connaître les programmes de subventions disponibles et les conditions d'admissibilité. Il est également important de bien respecter les échéances et les exigences de chaque programme et de fournir des informations claires, précises et convaincantes pour maximiser les chances d'obtenir la subvention.

2. Le financement participatif

Le financement participatif, également appelé crowdfunding, est un mode de financement collaboratif qui permet à une entreprise individuelle de lever des fonds auprès d'un grand nombre de personnes, souvent par le biais d'une plateforme en ligne.

Il existe plusieurs formes de financement participatif

Le don : les personnes soutiennent financièrement un projet sans attendre de contrepartie financière.

La récompense : les contributeurs reçoivent une récompense en échange de leur financement. Cette récompense peut être un produit ou un service, ou encore une invitation à un événement.

Le prêt : les personnes prêtent de l'argent à l'entreprise individuelle, avec ou sans intérêts, et l'entreprise s'engage à rembourser la somme empruntée dans un délai donné.

L'investissement : les personnes investissent dans l'entreprise individuelle en échange d'une part de son capital social.

Pour faire une demande de financement participatif, l'entreprise individuelle doit s'inscrire sur une plateforme de crowdfunding et y présenter son projet. La présentation du projet doit être claire et détaillée, avec une vidéo de présentation si possible. L'entreprise doit également préciser le montant qu'elle souhaite lever, la durée de la campagne de financement, et les contreparties proposées aux contributeurs.

Il est important de bien choisir la plateforme de crowdfunding en fonction des critères tels que les frais prélevés, la notoriété de la plateforme, le type de projets financés, etc. Il est également recommandé de bien préparer sa campagne de financement participatif en amont, en créant un réseau de contributeurs potentiels et en communiquant sur son projet auprès de son entourage et de sa communauté.

Un exemple de projet financé par le crowdfunding

Julie est une jeune entrepreneure passionnée par l'environnement. Elle souhaite lancer une entreprise de production de cosmétiques naturels et écologiques à base de produits locaux et bio. Pour cela, elle a besoin d'un financement initial de 50 000 euros pour acheter du matériel, louer un local et acheter des matières premières.

Julie décide de lancer une campagne de crowdfunding sur une plateforme spécialisée dans le financement participatif. Elle présente son projet de manière détaillée en expliquant sa vision, son expérience et les produits qu'elle souhaite proposer. Elle fixe un objectif de collecte de 50 000 euros sur une période de 45 jours.

Au fil des jours, Julie partage régulièrement des informations sur l'avancement de son projet et mobilise son réseau pour soutenir sa campagne. Elle propose également des contreparties aux contributeurs en fonction du montant de leur contribution (ex : produits offerts, ateliers de fabrication de cosmétiques, etc.).

Grâce à une communication efficace et à la qualité de son projet, Julie parvient à dépasser son objectif de collecte et récolte finalement 70 000 euros en 30 jours. Elle peut alors lancer son entreprise avec les fonds nécessaires et les contributeurs sont heureux d'avoir soutenu un projet qui correspond à leurs valeurs.

Comment?

Le financement participatif se fait en ligne, sur des plateformes spécialisées. Pour y accéder, il faut s'inscrire sur une de ces plateformes, décrire son projet de manière détaillée et fixer un objectif de financement. Ensuite, les particuliers intéressés peuvent apporter leur contribution financière à travers des dons, des prêts ou des investissements en échange de contreparties définies par le porteur de projet.

Le porteur de projet doit respecter les termes et conditions du financement participatif, en fournissant régulièrement des mises à jour sur l'avancement du projet et en offrant les contreparties convenues aux contributeurs.

Exemple de plateforme

Il existe de nombreuses plateformes de financement participatif (crowdfunding) qui permettent de collecter des fonds pour des projets d'entreprise. En voici quelques exemples :

Ulule : plateforme française qui permet de financer des projets créatifs, innovants et solidaires.

KissKissBankBank : plateforme française qui permet de financer des projets créatifs, culturels et entrepreneuriaux.

Kickstarter : plateforme américaine qui permet de financer des projets créatifs, artistiques et technologiques.

Indiegogo : plateforme américaine qui permet de financer des projets créatifs, technologiques et humanitaires.

GoFundMe : plateforme américaine qui permet de collecter des fonds pour des causes personnelles, associatives ou entrepreneuriales.

Il est important de bien choisir la plateforme de financement participatif en fonction de ses besoins, de ses objectifs et du type de projet que l'on souhaite financer. Il est également important de respecter les règles de chaque plateforme en termes de montant de collecte, de durée de la campagne et de contreparties proposées aux contributeurs.

3. Les business angels

Les business angels sont des investisseurs individuels ou des groupes d'investisseurs qui apportent des fonds propres à des entreprises en développement en échange d'une participation au capital et d'une prise de décision dans la gestion de l'entreprise. Ils peuvent également fournir des conseils et un réseau de contacts utiles pour aider l'entreprise à se développer.

Le processus pour obtenir un financement de la part d'un business angel peut varier, mais généralement, il consiste à présenter un plan d'affaires solide et convaincant qui démontre la viabilité de l'entreprise et le potentiel de retour sur investissement pour les investisseurs. Les entrepreneurs peuvent rencontrer des business angels lors d'événements de réseautage, de conférences ou en utilisant des plateformes en ligne spécialisées pour trouver des investisseurs.

Les business angels peuvent être un excellent choix pour les entrepreneurs qui ont besoin de fonds pour lancer leur entreprise ou pour la développer davantage. Ils peuvent offrir un financement rapide, des conseils précieux et un soutien pour aider l'entreprise à croître et à réussir. Cependant, comme pour tout type de financement, il est important de bien comprendre les conditions de l'accord et de s'assurer que cela convient aux objectifs à long terme de l'entreprise.

Pour trouver un business angel, Quelques étapes à suivre

Faites des recherches en ligne : cherchez des groupes de business angels locaux ou des réseaux nationaux, qui ont généralement des sites web avec des informations pour les entrepreneurs cherchant des financements.

Participez à des événements locaux ou nationaux de réseautage pour rencontrer des investisseurs : des événements comme des conférences, des salons professionnels et des forums de discussion peuvent offrir des opportunités de rencontrer des business angels et de leur présenter votre projet.

Utilisez les réseaux sociaux professionnels pour entrer en contact avec des investisseurs : LinkedIn, AngelList, Gust et d'autres sites permettent de rechercher des investisseurs en fonction de leur profil et de leur expérience.

Demandez des références à d'autres entrepreneurs : les investisseurs peuvent souvent être recommandés par d'autres entrepreneurs qui ont déjà travaillé avec eux et qui peuvent donner un avis sur leur expérience.

Une fois que vous avez identifié des business angels potentiels, vous pouvez leur envoyer un dossier de présentation détaillé de votre projet, incluant votre business plan et vos prévisions financières. Si un business angel est intéressé par votre projet, vous pourrez organiser une rencontre pour discuter des détails du financement et de la participation éventuelle de l'investisseur dans votre entreprise.

Il existe plusieurs moyens pour trouver des business angels

Les réseaux d'investisseurs : il s'agit d'organisations spécialisées dans la mise en relation entre les entrepreneurs et les investisseurs, comme France Angels, Femmes Business Angels, ou encore Angels Santé.

Les événements de networking : participer à des événements dédiés à l'entrepreneuriat et au financement, comme les salons, les conférences, les pitchs, peut être une occasion de rencontrer des business angels.

Les plateformes en ligne : il existe des plateformes de mise en relation entre les entrepreneurs et les investisseurs, comme WiSEED, Anaxago, ou encore Sowefund.

Les réseaux professionnels : utiliser les réseaux professionnels, comme LinkedIn, peut permettre de trouver des business angels intéressés par un projet.

Il est important de noter que la recherche de financement auprès des business angels peut être longue et nécessite une préparation minutieuse du dossier de présentation du projet.

4. Le prêt bancaire

Le prêt bancaire est une forme de financement très courante pour les entreprises individuelles. Les banques sont des acteurs majeurs du financement des entreprises, et proposent différents types de prêts adaptés aux besoins des entrepreneurs.

Pour obtenir un prêt bancaire, il faut généralement présenter un dossier de demande comprenant des informations sur l'entreprise, son activité, son marché, ses prévisions financières, ainsi que les garanties que l'entreprise est en mesure de fournir.

Le montant du prêt, le taux d'intérêt, la durée de remboursement et les garanties demandées varient en fonction de la situation de l'entreprise et de la politique de la banque. Il est important de négocier ces éléments afin de trouver la solution la plus adaptée à ses besoins.

Les taux d'intérêt peuvent être fixes ou variables en fonction des conditions contractuelles et de l'évolution du marché. Le remboursement peut se faire de manière mensuelle, trimestrielle, semestrielle ou annuelle. Il est important de bien comprendre les modalités de remboursement et de vérifier que l'entreprise sera en mesure de les respecter.

En cas de difficultés de remboursement, il est recommandé de contacter la banque rapidement afin de trouver une solution adaptée (report d'échéances, rééchelonnement de la dette, etc.).

Le prêt bancaire peut être obtenu auprès de diverses institutions financières telles que les banques commerciales, les coopératives de crédit, les institutions de microfinance, les organismes gouvernementaux de développement économique, etc. Il est recommandé de comparer les offres de différentes institutions et de choisir celle qui convient le mieux aux besoins de l'entreprise individuelle. Les demandes de prêt peuvent être soumises en personne ou en ligne, et les documents nécessaires varient d'une institution à l'autre.

Pour obtenir un prêt bancaire

Faire une demande de prêt : Il faut contacter une banque et fournir un dossier de demande de prêt. Ce dossier comprend généralement un business plan, un prévisionnel financier et les informations sur l'entreprise et le projet.

Analyse du dossier : La banque va analyser le dossier de demande de prêt pour évaluer la faisabilité du projet et la capacité de l'entreprise à rembourser le prêt.

Négociation des conditions de prêt : Si la banque est intéressée par le projet, elle va proposer des conditions de prêt (taux d'intérêt, durée, montant, garanties). Ces conditions peuvent être négociées.

Obtention du prêt : Si les conditions proposées sont acceptées, la banque va accorder le prêt à l'entreprise.

Il est important de noter que chaque banque a ses propres critères et exigences pour l'octroi d'un prêt. Il est donc conseillé de se renseigner auprès de plusieurs banques et de comparer les offres avant de prendre une décision.

B. Comment préparer un dossier de demande de financement

Présentation de l'entreprise et du projet

La présentation de l'entreprise et du projet est une étape cruciale dans la préparation d'un dossier de demande de financement. Elle doit permettre de présenter de manière claire et concise l'activité de l'entreprise ainsi que le projet pour lequel le financement est demandé.

La présentation de l'entreprise doit inclure les informations suivantes

Le nom de l'entreprise

Le statut juridique de l'entreprise (entreprise individuelle, SARL, SAS, etc.)

L'activité de l'entreprise

L'historique de l'entreprise (date de création, évolution de l'activité, chiffres clés, etc.)

La clientèle cible de l'entreprise

En ce qui concerne le projet pour lequel le financement est demandé, il est important de présenter les éléments suivants

La nature du projet (développement d'un nouveau produit, investissement dans de nouveaux équipements, etc.)

Les objectifs du projet (augmenter la production, améliorer la qualité des produits, etc.)

Les bénéfices attendus pour l'entreprise (augmentation du chiffre d'affaires, amélioration de la rentabilité, etc.)

Les risques liés au projet et les mesures prises pour les minimiser

Il est également recommandé de présenter les points forts de l'entreprise et les raisons pour lesquelles elle est capable de mener à bien le projet pour lequel le financement est demandé.

Prévisionnel financier

Le prévisionnel financier est un document important à fournir dans un dossier de demande de financement. Il permet de décrire la situation financière actuelle de l'entreprise ainsi que les prévisions financières pour les années à venir.

Éléments à inclure dans un prévisionnel financier :

Le chiffre d'affaires prévisionnel : il s'agit de l'estimation du montant des ventes que l'entreprise prévoit de réaliser au cours de la période concernée (généralement sur 3 ans). Cette estimation doit être réaliste et basée sur une analyse approfondie du marché et de la concurrence.

Les charges prévisionnelles : il s'agit de l'ensemble des dépenses que l'entreprise prévoit de supporter au cours de la période concernée.

Ces charges peuvent être de différentes natures : charges d'exploitation, charges de personnel, charges financières, etc.

Il est important de détailler chaque poste de charge pour que les financeurs puissent avoir une vue précise des dépenses prévues.

Le résultat prévisionnel : c'est le résultat obtenu en soustrayant les charges du chiffre d'affaires prévisionnel. Ce résultat permet de savoir si l'entreprise prévoit de réaliser des bénéfices ou des pertes au cours de la période concernée.

Le plan de financement : il s'agit de la projection des entrées et des sorties de trésorerie prévues sur la période concernée. Cette projection permet de savoir si l'entreprise va avoir des besoins de financement et de déterminer le montant de ces besoins.

Le bilan prévisionnel : il s'agit de la projection de la situation patrimoniale de l'entreprise à la fin de la période concernée. Le bilan prévisionnel permet de savoir si l'entreprise aura des capitaux propres suffisants pour faire face à ses besoins de financement.

Il est important que le prévisionnel financier soit réaliste et basé sur des données fiables. Il est recommandé de se faire accompagner par un expert-comptable pour l'élaboration de ce document.

Présentation de l'équipe et de son expertise

La présentation de l'équipe et de son expertise est un élément important du dossier de demande de financement. Elle permet de mettre en avant les compétences des personnes impliquées dans le projet et de rassurer les investisseurs potentiels quant à la capacité de l'équipe à mener le projet à bien.

Éléments clés à inclure dans la présentation de l'équipe

Les noms et les fonctions de chaque membre de l'équipe : Il est important de présenter chaque membre de l'équipe, ainsi que sa fonction et son rôle dans le projet.

Les expériences professionnelles de chaque membre : Il est important de mettre en avant les expériences professionnelles de chaque membre de l'équipe, en particulier celles qui sont en lien avec le projet.

Les compétences de chaque membre : Il est également important de présenter les compétences de chaque membre de l'équipe, en particulier celles qui sont en lien avec le projet.

Les diplômes et les formations : Il peut être intéressant de mettre en avant les diplômes et les formations des membres de l'équipe, en particulier s'ils sont en lien avec le projet.

Les références et les réalisations passées : Il est également important de mettre en avant les références et les réalisations passées de chaque membre de l'équipe, en particulier celles qui sont en lien avec le projet.

En présentant l'équipe de manière claire et détaillée, vous pourrez rassurer les investisseurs potentiels quant à la capacité de votre entreprise à mener à bien le projet pour lequel vous demandez un financement.

C. Comment négocier les conditions de financement

Les différents éléments à négocier (montant, taux d'intérêt, durée, garanties)

Lors de la négociation d'un financement, plusieurs éléments peuvent être discutés et négociés avec le prêteur ou l'investisseur.

Les principaux éléments à prendre en compte :

1. Le montant du financement

Le montant du financement est un élément crucial dans une demande de financement. Il est important de déterminer avec précision le montant dont vous avez besoin pour votre projet, en prenant en compte tous les coûts liés à la réalisation de celui-ci **(achat de matériel, de stocks, frais de personnel, loyer, etc.).**

Une fois que vous avez déterminé le montant nécessaire, il est possible de négocier les conditions de financement avec les différents partenaires financiers (banques, investisseurs, etc.). Il est important de présenter un dossier solide et complet, avec notamment un business plan détaillé, afin de convaincre les partenaires financiers de la viabilité de votre projet.

Les conditions de financement peuvent varier selon les partenaires financiers et les types de financements proposés (prêt bancaire, crédit-bail, capital-investissement, etc.). Il convient donc de comparer les différentes offres et de choisir celle qui correspond le mieux à vos besoins et à votre profil d'entreprise. Les critères de choix peuvent inclure le taux d'intérêt, la durée du financement, les garanties demandées, etc.

La négociation des conditions de financement peut être un aspect important pour le développement et la pérennisation de l'entreprise individuelle.

Voici quelques éléments à prendre en compte lors de cette négociation

Évaluer ses besoins : Avant de négocier les conditions de financement, il est important de bien évaluer ses besoins financiers. Cela permettra de déterminer le montant exact dont on a besoin et de mieux négocier les conditions avec les partenaires financiers.

Comparer les offres : Il est important de comparer les différentes offres de financement disponibles sur le marché. Les offres peuvent varier en termes de taux d'intérêt, de durée de remboursement, de frais de dossier, etc.

Préparer son dossier : Pour obtenir un financement, il est souvent nécessaire de fournir un dossier complet comprenant les informations financières de l'entreprise, un plan d'affaires détaillé, des prévisions financières, etc. Il est important de préparer un dossier solide pour convaincre les partenaires financiers de la viabilité de son projet.

Négocier les termes et conditions : Une fois que l'on a comparé les offres et préparé son dossier, il est temps de négocier les termes et conditions du financement. Il est important de négocier le taux d'intérêt, la durée de remboursement, les frais de dossier, les modalités de remboursement, etc.

Être transparent : Il est important d'être transparent avec les partenaires financiers sur ses besoins et ses capacités de remboursement. Cela permettra de développer une relation de confiance et de faciliter la négociation des conditions de financement.

Anticiper les risques : Il est important d'anticiper les risques liés au financement, tels que les variations de taux d'intérêt, les fluctuations du marché, etc. Il est donc important de prendre en compte ces risques lors de la négociation des conditions de financement et de prévoir des mesures pour les atténuer.

Pour négocier les conditions de financement de manière efficace, il est important d'évaluer ses besoins, de comparer les offres, de préparer un dossier solide, de négocier les termes et conditions, d'être transparent et d'anticiper les risques.

Enfin, il est important de respecter les conditions de remboursement du financement et de fournir régulièrement des informations sur la santé financière de l'entreprise aux partenaires financiers. Cela permet de maintenir une relation de confiance et de pérenniser la relation avec les partenaires financiers.

Un exemple de tableau pour récapituler les différentes informations liées au financement

Informations de financement	Détails
Montant du financement demandé	50 000 €

Montant apporté par l'entrepreneur	10 000 €
Montant total du projet	60 000 €
Durée de remboursement souhaitée	5 ans
Taux d'intérêt proposé	4%
Périodicité des remboursements	Mensuelle
Frais de dossier	500 €
Garanties proposées	Nantissement de matériel professionnel
Échéancier de remboursement	Mois 1 à 12 : 800 € Mois 13 à 24 : 1 000 € Mois 25 à 60 : 1 200 €
Conditions particulières	Possibilité de remboursement anticipé sans frais à partir de la 2ème année

Bien sûr, les informations incluses dans le tableau peuvent varier en fonction des termes et conditions proposés par les organismes de financement. Il est important de bien étudier chaque proposition et de choisir celle qui convient le mieux à son projet et à sa situation financière.

2. Le taux d'intérêt

Le taux d'intérêt est le pourcentage appliqué sur le montant emprunté ou prêté, qui représente le coût de l'opération financière. Ce taux est généralement fixé par la banque ou l'organisme prêteur en fonction des conditions de marché et de la solvabilité de l'emprunteur. Il peut être fixe ou variable, et peut varier en fonction de la durée du prêt et du risque associé à l'opération.

Un exemple de tableau présentant les conditions de financement négociées

Condition	Montant
Montant du financement	50 000 €
Durée	5 ans
Taux d'intérêt annuel	3%
Frais de dossier	500 €
Assurance emprunteur annuelle	500 €

Échéance mensuelle	898,20 €
Coût total du crédit	5 892 €

Dans cet exemple, l'entreprise a obtenu un financement de 50 000 € sur une durée de 5 ans, avec un taux d'intérêt annuel de 3%. Elle devra également payer des frais de dossier et une assurance emprunteur annuelle. L'échéance mensuelle s'élève à 898,20 € et le coût total du crédit est de 5 892 €.

3. La durée du financement

La durée du financement correspond à la période pendant laquelle l'emprunteur doit rembourser le capital et les intérêts. Cette durée est définie au moment de la négociation du financement et peut varier en fonction des besoins de l'emprunteur et des conditions proposées par le prêteur. Elle est généralement exprimée en mois ou en années. Plus la durée du financement est longue, plus les intérêts à rembourser seront importants. Cependant, une durée plus longue peut permettre des mensualités plus faibles et ainsi faciliter la gestion de la trésorerie de l'entreprise.

Par exemple, la durée du financement peut être de 5 ans, ce qui signifie que l'emprunteur devra rembourser le prêt sur une période de 5 ans, avec des échéances mensuelles ou trimestrielles.

4. Les garanties

Les garanties sont des engagements pris par le bénéficiaire du financement pour garantir le remboursement du prêt. Ces garanties peuvent prendre différentes formes, selon la nature et la durée du financement, mais leur objectif est toujours de rassurer l'organisme prêteur quant à la solvabilité de l'emprunteur.

Quelques exemples de garanties

La caution personnelle : une personne physique ou morale se porte caution pour garantir le remboursement du prêt en cas de défaillance de l'emprunteur. Cette personne s'engage donc à rembourser la dette à la place de l'emprunteur en cas de défaillance de ce dernier.

L'hypothèque : l'emprunteur donne en garantie un bien immobilier, généralement un bien qu'il possède, en échange du prêt. Si l'emprunteur ne peut pas rembourser le prêt, le prêteur peut vendre le bien immobilier pour récupérer son argent.

Le nantissement : l'emprunteur donne en garantie un bien meuble (par exemple, un véhicule, des équipements ou des stocks) en échange du prêt. Si l'emprunteur ne peut pas rembourser le prêt, le prêteur peut vendre le bien meuble pour récupérer son argent.

La garantie bancaire : une banque se porte garant pour le compte de l'emprunteur. Elle s'engage à rembourser la dette en cas de défaillance de l'emprunteur.

Ces garanties peuvent être cumulatives et combinées pour renforcer la sécurité de l'organisme prêteur. Les garanties demandées varient en fonction des besoins de l'emprunteur, du montant du prêt et de la durée du financement.

Par exemple, pour un prêt bancaire, les garanties peuvent inclure une hypothèque sur un bien immobilier ou une caution personnelle d'un tiers. Pour un financement participatif, les garanties peuvent être plus flexibles et inclure une promesse de remboursement future ou une part du capital de l'entreprise. Les garanties sont importantes pour les prêteurs ou les investisseurs car elles leur donnent une assurance que le prêt sera remboursé en cas de défaut de paiement ou de faillite de l'entreprise.

Les erreurs à éviter lors de la négociation

Lors de la négociation des conditions de financement, il est important d'éviter certaines erreurs qui pourraient avoir un impact négatif sur l'obtention du financement ou sur les conditions proposées.

Erreurs à éviter

Ne pas préparer suffisamment son dossier de demande de financement : il est important de présenter un dossier complet et détaillé pour que le prêteur ou l'investisseur puisse évaluer la qualité et la viabilité du projet.

Ne pas connaître suffisamment son projet et ses besoins de financement : il est essentiel de bien connaître son projet et d'identifier ses besoins de financement avant de négocier avec un prêteur ou un investisseur.

Ne pas être réaliste dans ses demandes : il est important d'être réaliste dans ses demandes de financement et de proposer des conditions raisonnables, en fonction de la situation financière de l'entreprise et du marché.

Ne pas être prêt à discuter et à faire des compromis : la négociation implique souvent des compromis et des ajustements. Il est important d'être prêt à discuter et à trouver des solutions qui conviennent à toutes les parties.

Ne pas avoir de plan B : il est important d'avoir un plan de secours au cas où la négociation n'aboutirait pas ou si les conditions proposées ne sont pas satisfaisantes. Il peut être utile de chercher d'autres sources de financement ou de réviser son plan de développement.

Ne pas lire attentivement le contrat : Il est important de lire attentivement le contrat de financement avant de le signer pour éviter les mauvaises surprises. Ne pas le faire peut vous faire accepter des termes ou des conditions qui ne sont pas avantageux pour vous.

Ne pas comparer les offres : Il est important de comparer les offres de différents établissements de financement pour trouver celle qui convient le mieux à ses besoins.

Chapitre X. Récapitulatif

A. Les enjeux de la création d'une entreprise individuelle

La création d'une entreprise individuelle présente plusieurs enjeux qu'il est important de prendre en compte avant de se lancer

1. La viabilité du projet

La viabilité du projet est un enjeu majeur de la création d'une entreprise individuelle. Avant de se lancer, il est important d'évaluer la faisabilité et la rentabilité de son projet. Il est donc recommandé de réaliser une étude de marché afin de connaître les besoins du marché et d'analyser la concurrence. Il est également important de déterminer la taille du marché potentiel, le chiffre d'affaires prévisionnel, les coûts de production et les charges fixes, pour avoir une idée précise de la rentabilité du projet. Si la rentabilité est incertaine ou insuffisante, il est conseillé de revoir son projet ou d'envisager une autre activité..

2. Le choix du statut juridique

Le choix du statut juridique est un enjeu important dans la création d'une entreprise individuelle car il va déterminer les obligations fiscales et sociales de l'entrepreneur, ainsi que sa responsabilité en cas de dettes ou de litiges. Le choix se fait en fonction de différents critères tels que la nature de l'activité, le montant du capital, le nombre d'associés éventuels, la responsabilité souhaitée, les régimes fiscaux et sociaux, etc.

Parmi les statuts juridiques les plus courants pour une entreprise individuelle

L'entreprise individuelle (EI) : statut le plus simple et le plus courant, l'entrepreneur est seul responsable des dettes de l'entreprise et est soumis à l'impôt sur le revenu.

139

La micro-entreprise : régime fiscal et social simplifié destiné aux entrepreneurs réalisant un chiffre d'affaires annuel inférieur à un certain seuil. L'entrepreneur est soumis à l'impôt sur le revenu et bénéficie d'un régime social avantageux.

Le choix du statut juridique doit être mûrement réfléchi en fonction des caractéristiques de l'entreprise individuelle et des objectifs de l'entrepreneur.

3. Les obligations légales

La création d'une entreprise individuelle implique certaines obligations légales, notamment

L'inscription au registre du commerce et des sociétés (RCS) ou au répertoire des métiers (RM) si l'activité exercée est artisanale.

La déclaration d'activité auprès des organismes fiscaux et sociaux compétents (URSSAF, impôts, etc.).

Le respect des normes et réglementations applicables à l'activité exercée (hygiène, sécurité, etc.).

La tenue d'une comptabilité et la production de documents comptables obligatoires (factures, livre des recettes, livre des achats, etc.).

Le paiement des cotisations sociales et fiscales correspondant à l'activité exercée.

La souscription à une assurance responsabilité civile professionnelle si nécessaire.

Le respect des règles de concurrence et de la propriété intellectuelle.

Il est important de se renseigner en amont sur l'ensemble des obligations légales liées à la création et à l'exercice d'une

entreprise individuelle pour éviter tout risque de non-conformité et les sanctions qui peuvent en découler.

4. La gestion de l'activité

La gestion de l'activité est une étape cruciale dans la création d'une entreprise individuelle.

Cela implique de prendre en compte de nombreux aspects tels que

La gestion administrative : il est important de s'occuper des formalités administratives comme l'immatriculation au registre du commerce et des sociétés (RCS) ou au répertoire des métiers (RM) selon la nature de l'activité, la déclaration de début d'activité auprès des organismes fiscaux et sociaux, la tenue d'un registre des recettes et des dépenses, etc.

La gestion financière : il est essentiel de bien gérer les finances de l'entreprise individuelle pour garantir sa pérennité. Cela implique de tenir une comptabilité régulière, de suivre les encaissements et les décaissements, de respecter les délais de paiement, etc.

La gestion commerciale : il est important de développer une stratégie commerciale adaptée pour conquérir de nouveaux clients et fidéliser les existants. Cela peut passer par la mise en place d'un plan marketing, la création d'un site internet, la participation à des salons professionnels, etc.

La gestion des ressources humaines : si l'entreprise individuelle emploie des salariés, il est essentiel de bien gérer les ressources humaines, en respectant les obligations légales en matière de droit du travail, en assurant la formation continue des employés, en veillant à leur bien-être au travail, etc.

La gestion du temps : en tant qu'entrepreneur individuel, il est souvent difficile de jongler entre les différentes tâches à accomplir.

Il est donc important de bien gérer son temps en établissant des priorités, en planifiant les tâches à réaliser, en déléguant certaines missions si besoin, etc.

La gestion des risques : il est important d'anticiper les risques liés à l'activité de l'entreprise individuelle et de mettre en place des mesures pour les éviter ou les minimiser. Cela peut passer par la souscription à des assurances professionnelles, la mise en place de procédures de sécurité, etc.

En somme, la gestion de l'activité d'une entreprise individuelle nécessite une grande rigueur et une organisation sans faille pour assurer sa pérennité.

5. La pérennisation de l'entreprise

La pérennisation de l'entreprise individuelle est essentielle pour assurer sa survie à long terme. Pour cela, il est important de mettre en place une stratégie de développement et de croissance, en s'appuyant notamment sur les points forts de l'entreprise et en identifiant les opportunités de marché.

La gestion financière est également un élément clé de la pérennité de l'entreprise individuelle. Il est important de veiller à une bonne gestion de la trésorerie, en suivant de près les rentrées et sorties d'argent et en anticipant les éventuels problèmes de trésorerie.

En outre, la fidélisation de la clientèle est un élément essentiel pour garantir la pérennité de l'entreprise. Il est important de maintenir un haut niveau de qualité de service et de veiller à répondre aux besoins des clients de manière efficace et rapide.

Enfin, il est recommandé de développer un réseau professionnel solide et de rester à l'écoute du marché, afin de s'adapter aux évolutions du secteur d'activité et aux attentes des clients.

B. Les opportunités et les défis à relever

Les opportunités et les défis à relever dans la création d'une entreprise individuelle dépendent du secteur d'activité, du marché, des compétences et des ressources du créateur d'entreprise. Cependant, voici quelques-uns des enjeux courants auxquels les entrepreneurs peuvent être confrontés

Opportunités

Possibilité de développer une idée innovante ou de proposer un service unique sur le marché.

Flexibilité dans la prise de décision et la mise en place de stratégies.

Possibilité de créer son propre emploi et de travailler pour soi-même.

Capacité à répondre rapidement aux changements du marché et à adapter l'offre en conséquence.

Défis

Difficultés à obtenir un financement suffisant pour lancer l'entreprise.

Connaissance insuffisante du marché, des clients potentiels et de la concurrence.

Gestion des ressources humaines, notamment si l'entreprise nécessite de recruter du personnel.

Risque de fluctuation des revenus et d'insécurité financière ;

Difficultés à maintenir un équilibre entre vie professionnelle et vie privée, notamment si l'entreprise demande beaucoup d'investissement personnel.

Il est important pour les entrepreneurs de bien comprendre ces opportunités et ces défis et de mettre en place des stratégies pour y faire face. Cela peut inclure des études de marché, des plans de financement, des plans d'affaires, des stratégies de gestion des ressources humaines et des plans de gestion du temps pour maintenir un équilibre de vie sain.

C. Les clés du succès pour pérenniser l'entreprise individuelle

Quelques clés du succès pour pérenniser une entreprise individuelle :

1. Élaborer une stratégie claire

Élaborer une stratégie claire est l'une des clés du succès pour pérenniser une entreprise individuelle. Cette stratégie doit prendre en compte les objectifs à court, moyen et long terme de l'entreprise, ainsi que les moyens et les ressources nécessaires pour les atteindre. Elle doit également prendre en compte les évolutions du marché et de l'environnement concurrentiel, ainsi que les forces et les faiblesses de l'entreprise.

Il est donc important de prendre le temps de réfléchir à sa stratégie d'entreprise, en analysant les forces et les faiblesses de l'entreprise, les opportunités et les menaces du marché, ainsi que les tendances du secteur d'activité. Cette analyse permettra de définir les axes de développement de l'entreprise, ainsi que les moyens nécessaires pour les atteindre.

Une fois la stratégie définie, il est important de la communiquer clairement à l'ensemble de l'équipe, afin que chacun puisse contribuer à sa mise en œuvre. Il est également important de suivre régulièrement l'avancement de la stratégie, et de l'adapter si nécessaire en fonction des évolutions du marché et de l'environnement concurrentiel.

2. Être à l'écoute des clients

Être à l'écoute des clients est une clé essentielle pour pérenniser une entreprise individuelle. En effet, les clients sont à la base de l'activité de l'entreprise et leur satisfaction est primordiale pour maintenir leur fidélité et en attirer de nouveaux.

Pour cela, il est important de mettre en place des outils de suivi de la satisfaction des clients, tels que des enquêtes de satisfaction, des retours d'expérience ou des analyses des commentaires sur les réseaux sociaux. Ces outils permettent de mieux comprendre les attentes et les besoins des clients pour adapter l'offre de l'entreprise en conséquence.

Il est également important d'être réactif aux demandes et aux réclamations des clients, en leur apportant une réponse rapide et efficace. Cela permet de renforcer la confiance et la satisfaction des clients et peut même donner lieu à des recommandations positives à leur entourage.

Enfin, il est recommandé de solliciter régulièrement les clients pour leur avis sur les évolutions de l'entreprise, en les associant par exemple à des enquêtes de satisfaction, des groupes de travail ou des événements de co-création. Cela permet de renforcer la relation avec les clients et de leur montrer que leur avis est pris en compte dans les décisions de l'entreprise.

3. Innover

L'innovation est un élément clé pour maintenir la compétitivité d'une entreprise individuelle. Il est important de rester à l'écoute du marché et de la demande des clients pour identifier les nouvelles tendances et les besoins émergents. En proposant des produits ou des services innovants, l'entreprise peut se différencier de la concurrence et attirer de nouveaux clients. L'innovation peut également permettre de réduire les coûts, d'améliorer la productivité et d'augmenter les marges bénéficiaires. Il est donc important d'encourager la créativité et de favoriser l'émergence de nouvelles idées au sein de l'entreprise.

4. Se former et se tenir informé

Se former et se tenir informé est une autre clé du succès pour pérenniser une entreprise individuelle. Les entrepreneurs doivent constamment actualiser leurs compétences, suivre les évolutions technologiques et les changements réglementaires, pour rester compétitifs et anticiper les évolutions du marché.

La formation peut prendre différentes formes : participer à des séminaires, suivre des cours en ligne, assister à des conférences, lire des publications spécialisées, échanger avec d'autres professionnels de son secteur.

En se tenant régulièrement informé des dernières tendances et innovations dans leur domaine, les entrepreneurs peuvent trouver de nouvelles idées pour améliorer leur activité, se différencier de leurs concurrents et développer leur entreprise.

5. Collaborer avec d'autres entreprises

Collaborer avec d'autres entreprises peut être un moyen efficace de développer son entreprise individuelle et de la pérenniser. En collaborant avec d'autres entreprises, vous pouvez accéder à de nouveaux marchés, à de nouvelles compétences et à de nouvelles ressources. Voici quelques exemples de collaboration possibles :

Partenariat commercial : Il s'agit de collaborer avec une autre entreprise pour vendre ou promouvoir vos produits ou services.

Vous pouvez, par exemple, proposer un produit en complémentarité avec celui d'une autre entreprise.

Coopération technique : Il s'agit de collaborer avec une autre entreprise pour développer de nouvelles technologies ou des produits innovants.

Partenariat stratégique : Il s'agit de collaborer avec une autre entreprise pour renforcer son positionnement sur le marché, pour accéder à de nouveaux marchés ou pour développer de nouveaux produits.

Coopération logistique : Il s'agit de collaborer avec une autre entreprise pour mutualiser les coûts et les ressources logistiques (transport, stockage, etc.).

Partenariat financier : Il s'agit de collaborer avec une autre entreprise pour obtenir des financements ou des investissements pour votre entreprise.

En collaborant avec d'autres entreprises, il est important de veiller à ce que les intérêts de chacun soient respectés et que la collaboration soit bénéfique pour tous.

6. Gérer efficacement les finances

La gestion financière est essentielle pour la pérennité de toute entreprise individuelle.

Voici quelques clés pour gérer efficacement les finances

Tenir une comptabilité rigoureuse : Il est important de tenir une comptabilité à jour pour suivre l'évolution de l'activité et de la trésorerie.

Établir un budget : Il est conseillé d'établir un budget prévisionnel pour anticiper les dépenses et les recettes à venir.

Suivre les indicateurs financiers : Il est important de suivre régulièrement les indicateurs financiers tels que le chiffre d'affaires, la marge, le taux de rentabilité ou encore le seuil de rentabilité pour évaluer la performance de l'entreprise.

Anticiper les besoins de financement : Il est essentiel d'anticiper les besoins de financement pour faire face aux éventuels problèmes de trésorerie ou pour investir dans le développement de l'activité.

Éviter les dettes excessives : Il est important de limiter les dettes pour ne pas mettre en péril la santé financière de l'entreprise.

Faire appel à un expert-comptable : Il peut être utile de faire appel à un expert-comptable pour bénéficier de son expertise en matière de gestion financière.

7. Être flexible

Être flexible est également une clé du succès pour pérenniser une entreprise individuelle. Il est important de pouvoir s'adapter rapidement aux changements du marché et aux demandes des clients. Cela peut impliquer de changer l'offre de produits ou services, de modifier les prix ou encore de revoir la stratégie marketing. La flexibilité permet également de saisir les opportunités qui se présentent et de trouver des solutions créatives aux défis rencontrés. En somme, être flexible permet de rester compétitif et de faire face aux aléas de l'activité.

8. Fidéliser les clients

Fidéliser les clients est l'un des éléments clés pour pérenniser une entreprise individuelle.

Voici quelques clés pour y parvenir

Offrir un service de qualité : pour fidéliser les clients, il est important de leur offrir un service de qualité, que ce soit au niveau du produit ou du service rendu.

Être à l'écoute des clients : il est important de prendre en compte les retours des clients et d'adapter son offre en conséquence.

Récompenser la fidélité : proposer des offres spéciales ou des avantages exclusifs pour les clients fidèles peut les encourager à continuer à faire appel à vos services.

Personnaliser les offres : proposer des offres personnalisées en fonction des préférences et des besoins des clients peut les inciter à rester fidèles.

Communiquer régulièrement : maintenir une communication régulière avec les clients permet de renforcer leur fidélité.

Offrir un service après-vente de qualité : assurer un service après-vente de qualité est un élément important pour fidéliser les clients et leur donner confiance dans l'entreprise.

En suivant ces clés, il est possible de fidéliser les clients et de pérenniser l'entreprise individuelle.

Conclusion

La création d'une entreprise individuelle est un processus qui implique de nombreuses étapes et des compétences diverses. Tout d'abord, il est essentiel de réaliser une analyse approfondie du marché et de la concurrence afin de déterminer les opportunités et les risques liés à l'activité envisagée.

Ensuite, il est important d'étudier les aspects financiers de l'entreprise, notamment les sources de financement possibles, les obligations fiscales et sociales, ainsi que la gestion des achats et des stocks. La tenue de la comptabilité est également une obligation légale importante.

La gestion de la production ou de la prestation de services, ainsi que des ressources humaines, sont également des aspects clés de la gestion d'une entreprise individuelle. La fidélisation de la clientèle et le développement commercial sont également essentiels pour assurer la croissance de l'entreprise.

Enfin, la préparation d'un dossier de demande de financement et la négociation des conditions sont des étapes cruciales pour permettre à l'entreprise individuelle de se développer et de se pérenniser.

Créer une entreprise individuelle peut être une opportunité pour les entrepreneurs, mais cela implique également des défis et des risques. La persévérance, la résilience, ainsi que la capacité à s'adapter aux changements et à innover sont des clés du succès pour pérenniser l'entreprise individuelle.

Chers amis lecteurs,

Merci d'avoir pris le temps de lire mon livre. Votre soutien et vos retours sont précieux. Si vous avez trouvé ce livre utile, je vous encourage à laisser un commentaire sur la page du produit où vous l'avez acheté. Votre avis peut aider d'autres personnes et faire connaître ce livre à un plus large public.

Merci de tout cœur,

Kpindotchin Cléopâtre Ouattara

academiecreateurs@gmail.com

Si vous avez des avis à me transmettre sur le sujet ou sur certains éléments du livre, n'hésitez pas à m'écrire à cette adresse email.

Vos retours pourront contribuer à diffuser le maximum d'informations.

"Guide du Business Plan	"À la recherche du Masque Sacré"	"Paris Enchanté"	**"Le Business Model"**
"Comprendre les Calculs pour l'Entreprise"	"Comprendre l'Éjaculation Précoce"	"Modèle de Business Plan à Remplir"	"Guide à l'Apprentissage de l'Anglais"

Lien Vers Nos Réseaux

Suivez notre chaîne WhatsApp et YouTube en scannant les code QR ci-dessous :

Vous serez ainsi toujours informé de nos dernières actualités et contenus !

www.academiedescreateursdentreprise.com

www.ouattaracleopatre.com

ACADÉMIE DES CRÉATEURS D'ENTREPRISE

Compte professionnel WhatsApp

Scannez ce code pour démarrer une discussion WhatsApp avec ACADÉMIE DES CRÉATEURS D'ENTREPRISE.

THE END

L'aventure entrepreneuriale ne se limite pas aux échecs et aux défis. Elle s'épanouit avec la résilience et l'espoir de ceux qui se relèvent, prêts à tracer un nouveau chemin vers le succès.